二战风云
震撼博览

史诗巨著
全彩呈现

英雄赞歌

第二次世界大战著名英雄

胡元斌 严 锴 主编

台海出版社

前言 PREFACE

　　1937年7月7日，驻华日军在卢沟桥悍然向中国守军开炮射击，炮轰宛平城，制造了震惊中外的"七七事变"，中国的抗日战争全面爆发。1939年9月1日，德国入侵波兰，第二次世界大战正式开始。1945年9月2日，日本签署投降书，第二次世界大战宣告结束。

　　这是人类社会有史以来规模最大、伤亡最惨重、造成破坏最大的全球性战争，也是关系人类命运的大决战。这场由德、意、日法西斯国家的纳粹分子发动的战争席卷全球，世界当时人口总数的80%的20亿人口受到波及。这次世界大战把全人类分成了两方，由美国、苏联、中国、英国、法国等国组成的反法西斯同盟国与由德国、日本、意大利等国组成的法西斯轴心国，进行对垒决战。全世界的人民被拖进了战争的深渊，迄今为止这是人类文明史上绝无仅有的浩劫和灾难。

　　在这场大战中，交战双方投入的兵力和武器之多、战场波及范围之广、作战样式之新、造成的损失之大、产生的影响之深远都是前所未有的，创造了许多个历史之最。

　　第二次世界大战的胜利具有伟大的历史意义。我们历史地、辩证地看待这段人类惨痛历史，可以说，第二次世界大战的爆发给人类造成了巨大灾难，使人类文明惨遭浩劫，但同时，第二次世界大战的胜利，也开创了人类历史的新纪元，给战后世界带来了广泛而深远的影响。促进了世界进入力量

制衡的相对和平时期；促进了一些殖民地国家的民族解放；促进了许多社会主义国家的诞生；促进了资本主义国家的经济、政治和社会改革；促进了世界科学技术的进步；促进了军事科技和理论的进步；促进了人类认识史上的一场伟大革命；促进了世界人民对和平的深刻认识。

第二次世界大战的胜利也是世界人民反法西斯战争的胜利，成为20世纪人类历史的一个重大转折，它结束了一个战争和动荡的旧时期，迎来了一个和平与发展的新阶段。我们回首历史，不应忘记战争给我们带来的破坏和灾难，以及世界各个国家和人民为胜利所付出的沉重代价。我们应当认真吸取这次大战的历史经验教训，为防止新的世界大战发生，维护世界持久和平，不断推动人类社会进步而英勇奋斗。

这就是我们编撰《第二次世界大战纵横录》的初衷。该书综合国内外的最新研究成果和最新解密资料，在有关部门和专家的指导下，以第二次世界大战的历史进程为线索，贯穿了第二次世界大战的主要历史时期、主要战场战役和主要军政人物，全景式展现了第二次世界大战的恢宏画卷。

该书主要包括战史、战场、战役、战将和战事等内容，时空纵横，气势磅礴，史事详尽，图文并茂，具有较强的历史性、资料性、权威性和真实性，非常有阅读和收藏价值。

英雄赞歌

目录 CONTENTS

英雄赞歌

第 二 次 世 界 大 战 著 名 英 雄

崔可夫

　　崔可夫，苏联著名的军事家、苏联元帅。苏德战争爆发后，崔可夫于1942年5月被任命为预备队第一集团军副司令，多次出色地完成战斗任务。1943年4月，崔可夫担任近卫第八集团军司令并指挥该军团参加了库尔斯克战役、白俄罗斯战役、明斯克战役、维斯瓦河—奥得河战役、柏林战役等。在苏德战争中崔可夫两次获得"苏联英雄"称号，并晋升为上将军衔。

参加卫国战争
抗击外敌侵略

1900年2月12日，崔可夫出生在俄国图拉省一个叫做谢列布里亚内普鲁德村的农民家庭里。12岁那年，他就来到彼得堡挣钱糊口，开始了自食其力的生活。

1917年，崔可夫在喀琅施塔得水雷教导队当见习水兵。1918年春，崔可夫在经历了俄国十月革命这一伟大的历史变革之后，进入红军莫斯科军事教官训练班，成为第一期学员。

1919年，崔可夫加入俄国共产党（布尔什维克）。国内战争期间，历任连长、团长，并获两枚红旗勋章。

1925年，崔可夫进入伏龙芝军事学院深造。结束学业后，于1927年来到中国，任驻中国军事顾问。1929年回国后任红旗远东特别集团军司令部处长。1932年9月任首长进修班主任。

1936年，崔可夫进入工农红军机械化和摩托化学院速成班学习。毕业后，于同年12月任机械化旅旅长。1938年4月任步兵第五军军长。

1938年7月起，他先后任白俄罗斯特别军区博布鲁伊斯克集团军级集群司令员、第四集团军司令员，并指挥集团军参加了解放西白俄罗斯的战斗。

1940年12月，远东方面的国际局势日益紧张，日本已吞并了大半个中国，并在北上进攻苏联和南下同英美开战之间举棋不定。在这种情况下，熟悉中国情况并在中国工作过的崔可夫再一次被派到中国，任驻中国武官和军事总顾问，直至1942年3月回国。

1941年6月，法西斯德国入侵苏联时，崔可夫正在中国，他密切注意着

苏德战场的形势发展。随着德军一路东进，攻陷明斯克，占领基辅，夺取斯摩棱斯克，直逼莫斯科城下，列宁格勒陷入重围，崔可夫的心情十分沉重。

1942年3月，崔可夫结束了在中国的使命，返回莫斯科。崔可夫汇报了在中国的工作之后，便要求上前线，迫切地希望马上参加抗击法西斯侵略者的战斗。

5月，崔可夫被任命为配置在图拉地区的预备队第一集团军副司令员。由于司令员还没被任命，崔可夫负责指挥部队。

7月初，统帅部将崔可夫所在的预备队第一集团军改编为第六十四集团军，戈尔多夫中将任集团军司令；并在顿河或伏尔加河一带迎敌。

7月23日，戈尔多夫被任命为斯大林格勒方面军司令官，崔可夫开始代行第六十四集团军指挥权。

7月25日，崔可夫在卫国战争中第一次参加了战斗。当日，德军以2个步兵师和1个战车师的强大兵力对第六十四集团军右翼阵地发起攻击，企图在卡拉奇附近强渡顿河，直扑斯大林格勒。

3天过后，第六十四集团军的右翼撤过了奇尔河，德军从下奇尔斯卡亚地区突袭斯大林格勒的企图落空了。斯大林格勒方面军司令官戈尔多夫中将对崔可夫后撤部队的做法不满意，指派舒米洛夫少将担任第六十四集团军司令。

8月1日，德战车第四集

崔可夫将军

003

团军在突破了苏军第五十一集团军的防线后，攻占列蒙特纳亚并逼近了科捷尔尼科沃；苏军第六十四集团军和整个斯大林格勒方面军的左翼受到德军从南面的包围。

崔可夫迅速赶赴形势最糟的南部地段，于8月3日组成了拥有4个师的"崔可夫战役集群"，并迅速与方面军司令部取得了联系。

8月5日，斯大林格勒方面军命令第六十四集团军在科捷尔尼科沃方向迎击德战车第四集团军，"崔可夫战役集群"则奉命从南面掩护第六十四集团军的行动。

在接下来的几天时间里，崔可夫率部将德军赶回了阿克赛河，取得了反击的胜利。

8月中旬，希特勒调整部署，要从西北和南部两个方向对斯大林格勒发起"钳形攻势"。

8月23日，德军向斯大林格勒派出了大量的轰炸机，进行了近2000架次的轰炸飞行，形势万分危急。

9月12日，方面军军事委员会任命崔可夫为第六十二集团军司令，该集团军的任务是防御斯大林格勒城的中部和工厂区。

崔可夫表示：

斯大林格勒对我们全体苏联人民至关重要，这个城市的失守将挫伤人民的斗志。我发誓决不离开这座城市，我将采取一切办法坚守。我决心要么守住城市，要么就战死在那里！

为鼓舞士气，崔可夫在到任伊始就发布命令：

斯大林格勒是我们最后的战场；未经我和参谋长同意，任何部队严禁擅自撤离现有阵地；集团军司令部在任何情况下都不向后撤。

崔可夫在作战会议上指出："我们不能仅限于防守，而应该抓住一个有利战机去打反击，把我们的意志强加给德军，并用我们的积极行动破坏德军的计划。"

9月14日凌晨3时，崔可夫指挥第六十二集团军从马马耶夫岗向德军发起了攻击，但遭到德军的强力抵抗和反击，进展极不顺利。

9月15日，德军对第六十二集团军实施强攻，双方在马马耶夫岗等城郊地区展开激烈的城区街巷战斗。

9月16日和17日两天的战斗尤为残酷。崔可夫说："我们的部队在这里经受了从残酷和顽强程度来说都是历史上绝无仅有的恶战。"

经过一个多星期的巷战，崔可夫摸索出了一些规律。他告诫属下的各级指挥官，不要束缚于既定的战斗条例条令，要相信士兵们并给他们充分的战斗自由，要多化整为零地组织突击小组，甚至可将"单人堡垒"作为新的战术单位。这些措施都收到了明显的成效。

在接下来的残酷战斗中，崔可夫及其司令部一直坚守着自己的防御阵地，从未撤离到伏尔加河的对岸。

在10月中旬，德军甚至攻至距离第六十二集团军司令部仅400米之处，而崔可夫和参谋长克雷洛夫都镇定自若地表示："我们将一起清洗好自己的手枪，把最后一粒子弹留给自己的脑袋。"

10月底的战斗，对斯大林格勒的保卫者来说是更为艰苦的日子，但胜利的曙光已经显现。

11月13日，苏联最高统帅部决定于11月19日在斯大林格勒发动全面反攻行动以围歼该地域的德军部队。

12月17日，第六十二集团军从一块块漂来的巨大浮冰上步行渡过了伏尔加河，与德军展开激战。

1943年1月10日，苏军部队对被围德军发起攻击行动。顿河方面军司令罗科索夫斯基中将在视察第六十二集团军时告诉崔可夫的任务是："以积极的行动，从东边将更多的德军吸引过来。如果德军企图越过结冰的伏尔加河

突围，就坚决地把它堵住。"

崔可夫向罗科索夫斯基保证：坚决完成任务，在顿河方面军主力发起主攻之前，第六十二集团军决不让保卢斯的德军部队撤走一兵一卒。

随后，崔可夫指挥部队由东向西推进，对德军发起了强劲的攻势。

1月26日，第六十二集团军与自西向东进攻的第二十一集团军在马马耶夫岗胜利会师。

1月31日，刚刚被希特勒授予元帅军阶的第六集团军司令官保卢斯及其手下的步兵第四军军长普费尔、第五十一军军长库尔茨巴赫、第二九五师师长科尔费斯等德军高级将领都成为了第六十二集团军的战俘。

2月2日，崔可夫的第六十二集团军向负隅顽抗的德军部队实施最后的攻击，俘获德军第十一军军长施特雷克尔。当天16时整，顿河方面军终于彻底完成了歼灭斯大林格勒被围德军集团的使命，历时200多天的斯大林格勒会战

终于以苏军的彻底胜利宣告结束。

在斯大林格勒会战中，崔可夫指挥的第六十二集团军在市区防御作战中，一次又一次地击退了数倍于己的德军部队，完成了苏联最高统帅部"不许后退一步"的任务。

苏军的《红星报》在社论中说："第六十二集团军震惊世界的顽强精神，使我统帅部有可能集结兵力，转入反攻，重创庞大的德国法西斯部队。"

为表彰第六十二集团军的战功，苏联最高统帅部将第六十二集团军改为近卫军，而崔可夫则获得了苏联最高荣誉称号——"苏联英雄"。

发动反攻（二战模拟场景）

指挥大兵团夜战
取得辉煌战果

　　1943年3月底，苏联最高统帅部将第六十二集团军调入西南方面军，从斯大林格勒附近换防到北顿涅茨河的库皮扬斯克和斯瓦托沃地域。

　　4月16日，苏联最高统帅部大本营把第六十二集团军改编为近卫第八集团军。

　　4月中旬，苏联最高统帅部命令崔可夫利用休整时机，使所属部队做好实施进攻和突破敌防御地带的准备，并深入研究诸兵种协同作战、近战、夜战、反战车战等进攻作战中的常见作战样式。

　　崔可夫在与沃罗涅日方面军司令瓦杜丁大将、近卫第一集团军司令库兹涅佐夫上将、战车第三集团军司令雷巴尔科夫将军、战车第六集团军司令哈里托诺夫将军等著名战将进行了深入的交流之后，获得了诸多宝贵的意见。

　　为了报斯大林格勒城下惨败之仇以及重新夺取战略主动权，德军统帅部又拟定了代号为"堡垒"的进攻计划。

　　希特勒于1943年4月15日发布了第六号命令，其战役企图是：

　　从北面奥廖尔和南面别尔哥罗德向库尔斯克突出部的根部实施向心突击，围歼苏中央方面军和沃罗涅日方面军，攻占库尔斯克，继而再向苏西南方面军后方实施突击。

　　苏联最高统帅部在察觉了德军的这一企图后，计划在库尔斯克弧形地带与德军交战，并立即部署了这次交战的兵器和兵力。

7月4日，苏军掌握了德军将于次日凌晨发起进攻的准确情报。

7月5日，苏中央方面军和沃罗涅日方面军抢在德军之前发起了强大炮火反击行动；德军阵脚大乱，被迫在原计划两小时后发起进攻。

7月7日，崔可夫和近卫第一集团军司令员库兹涅佐夫应召到西南方面军的司令部，方面军司令员马利诺夫斯基向他们传达了苏联最高统帅部的意图，利用德军主力部队被牵制在库尔斯克方向的时机，向顿巴斯发动攻击行动。强渡北顿涅茨河，协同正由米乌斯河向斯大林诺进攻的南方方面军，突破巴尔文科沃地域之敌的防线，歼灭德军顿巴斯集团并前出至第聂伯河。

这是崔可夫第一次参加指挥大规模的进攻行动。在进攻前的最后几个小时里，崔可夫一遍又一遍地审定着整个进攻作战计划，给各兵团指挥员下指示。

7月17日4时50分，在长达90分钟的炮火准备之后，近卫第八、第一集团军在北顿涅茨河右岸对德军发起了强劲的进攻，西南方面军司令官马利诺夫斯基亲临崔可夫的集团军观察所督战。

第一波攻击部队及其战车和火炮迅速从先遣工兵营临时架设的舟桥上渡过了北顿涅茨河，但在扩大登陆场时，不仅德军的抵抗越来越强，而且德国航空兵也加紧了行动。德国航空兵对渡口实施了猛烈的航空轰炸，使崔可夫部队的进攻行动受到严重阻滞，其原定的进攻计划全部落了空。这是斯大林格勒保卫战之后集团军实施的第一次进攻。受领的任务，没有一项得以完成。对崔可夫来讲，这是相当困难的时期。

可是，苏军牵制德军的目的已收到了明显的成效。在接下来几天的激烈战斗中，近卫第八集团军虽顽强作战，但进展不大，西南方面军司令官马利诺夫斯基命令损失较大的近卫第八集团军暂时撤为第二梯队，改由第六、第十二集团军接替，准备在北顿涅茨河右岸的登陆场发动新的攻势。

鉴于首轮进攻的失利，崔可夫向上级请求以观察员的身份参与第六、第十二集团军组织实施进攻的全过程，苏联最高统帅部大本营代表华西列夫斯基批准了他的这一请求。

8月17日，新一轮进攻开始，崔可夫来到第六集团军进攻地带的中心，观察进攻的发展情况。但此次进攻也未达到既定的目的。

在8小时激战之后，第六集团军只向前推进了不足两千米；此后就难以继续向前推进。方面军司令官马利诺夫斯基只得再命令崔可夫的近卫第八集团军进入第六、第十二集团军之间的接合部，准备参加进攻行动。

崔可夫对3个集团军进攻行动的连续失利进行了仔细的分析，他认为失利的最大原因是苏军的进攻行动没有达成突然性。于是，他拟订了一份实施机动、改变突击方向以达成进攻突然性的新作战计划——将突击集中在一个狭窄地段上，楔入德军防御纵深8千米至10千米，为机械化部队投入战斗创造条件；同时请求允许自己的集团军进行适度的休整。

8月22日清晨，崔可夫指挥近卫第八集团军向德军发起了猛烈攻势，强大的航空轰炸和炮火准备使德军阵地立即陷入一片火海之中；德军万万没有料到苏军会在两次连续失利后再度发起第三次强大的进攻行动，德军部队被打得措手不及，纷纷溃退。

崔可夫的近卫第八集团军此次终于为西南方面军在浴血奋战一个多月后赢得了首次胜利。紧接着，崔可夫指挥部队加强攻势；但德军也进行了顽强的抵抗，他们首次使用了防战车地雷，使苏军的战车部队受到很大损失。

尽管如此，西南方面军的进攻还是取得了突破性的进展，草原方面军则在沃罗涅日方面军的协同下，攻占了哈尔科夫城，从而为下一步收复左岸乌克兰并前出到第聂伯河奠定了基础。

至此，库尔斯克会战以苏军的最后胜利宣告结束。之后，德军统帅部不得不放弃进攻战略，转而采取防御战略。在取得库尔斯克会战胜利后，苏军在从大卢基至黑海长达1500千米的战线上对德军展开攻击行动，以歼灭德"南方"集团军群的主力，并解放顿巴斯工业区和乌克兰的农业区。而德国陆军总部于1943年8月中旬发布了希特勒的第十号命令，企图在苏德战场构筑起一道代号为"东方壁垒"的新防线来阻挡苏军的进攻行动。

通过八、九两个月的浩大攻势，苏军几乎收复了第聂伯河左岸乌克兰的

全部领土，而德军撤到第聂伯河右岸的"东方壁垒"后面继续坚守。

苏联最高统帅部命令西南方面军不迟于10月3日全部肃清位于第聂伯河左岸扎波罗热登陆场的德军，并在该方向上出击至第聂伯河。

9月16日，根据大本营的命令，近卫第八集团军将调到中央方向上，而朱可夫坚持要将其转隶于草原方面军，以便支援科涅夫实施的大规模战役。但是，西南方面军司令官马利诺夫斯基认为，没有近卫第八集团军，他无法占领扎波罗热登陆场。

9月23日，西南方面军司令部命令崔可夫率他的近卫第八集团军立即在第十二集团军和近卫第三集团军的接合部集结并替换这两个集团军的部队。

德军统帅部在扎波罗热登陆场建有防御外廓及大量中间支撑点的纵深梯次防御阵地系统。登陆场整个外围前沿均筑设有一道深4米，宽6米的梯形截面防战车堑壕，堑壕内灌有1米深的水以阻挡苏军步兵的进攻，此外还建有4排防战车雷场。

进行炮火准备（二战模拟场景）

德军用于防守扎波罗热登陆场的部队为步兵第一二五师、第三〇四师、第一二三师，战车第四十军。

10月1日，崔可夫的近卫第八集团军与其左翼的近卫第三集团军、右翼的第十二集团军一同向德军发起了猛烈的进攻。崔可夫指挥炮兵对德军部队实施了巧妙的推进式打击，近卫第八集团军在当天上午就突破了德军的第一道防战车堑壕。但德军利用苏军炮兵因弹药锐减而不能对步兵和战车提供支援的时机，迅速用精良的"虎"式战车部队实施反击，挡住了苏军的攻势。

10月2日夜，苏军暂停进攻行动。西南方面军司令官马利诺夫斯基在近卫第八集团军司令部召开指挥会议，决定由崔可夫指挥近卫第八集团军承担主要突击任务。

10月10日晨，崔可夫命令近卫第八集团军的部队发起了又一次强攻行动，直到中午在德军的防线上撕开了一个口子，使整个方面军的进攻战线全面推进了3千米，德国士兵已纷纷丢弃战壕逃到各支撑点。

10月11日，苏军进攻的任务仍未改变，在预定的各个方向上突破德军防御，继续开展歼灭德军坦克的斗争。

10月12日夜23时，崔可夫指挥近卫第八集团军发起了夜间进攻，猝不及防的德军被击溃了。在战斗过程中，崔可夫不顾个人安危，带领自己的司令部人员亲赴前线各处督察战况。

10月13日上午，马利诺夫斯基来到崔可夫指挥所，决定集中整个方面军的部队暂停攻击，准备对扎波罗热实施夜袭行动。

10月13日夜，西南方面军集中全部炮火对德军实施了毁灭性的轰击，进攻部队随即发起攻击行动，德军一触即溃，纷纷败逃。

10月14日13时，苏军终于攻占了扎波罗热。在这一夜的进攻战斗中，崔可夫指挥的近卫第八集团军取得了骄人的战绩。苏联最高统帅部在广播中对崔可夫近卫第八集团军的辉煌战绩表示了祝贺。

攻占了扎波罗热后，西南方面军利用战场的短暂间歇进行休整。此时的崔可夫由于连续征战，已身心疲惫，便被方面军司令员马利诺夫斯基和大本

营代表华西列夫斯基勒令返回莫斯科住院休养，由马斯连尼科夫上将临时代任近卫第八集团军司令一职。随即，原属于第十二集团军的近卫步兵第四军就近被编入近卫第八集团军。

尽管崔可夫在莫斯科，但无时无刻不牵挂第八集团军。

十月革命节过后没多久，崔可夫便返回前线，重新指挥近卫第八集团军。最高统帅部大本营代表华西列夫斯基告诉崔可夫："进攻阿波斯托洛沃！大本营将根据向阿波斯托洛沃进军的情况来判断近卫第八集团军的作战行动，哪怕一天前进5千米至10千米，也是在前进。"

以前，乌克兰几乎无人知道阿波斯托洛沃，但阿波斯托洛沃小城对于西南方面军攻打尼科波尔具有重要的战略价值，可以切断尼科波尔德军的退路。

为使部队减少伤亡，崔可夫对阿波斯托洛沃发起了避实就虚的攻击。崔可夫规定各部队绕过德军构筑在各大车站的强大支撑点，沿第聂伯罗彼得罗夫斯克—尼古拉耶夫卡—阿波斯托洛沃前进。

德军投入大量战车实施连续有效的反冲击，使缺乏反战车武器的崔可夫部队损失严重。苏军在秋雨连绵的泥泞道路上的进攻行动受挫，6天才向前推进了10千米。

在此作战的紧要关头，崔可夫向所属部队发出命令指出，此刻决定战斗胜负的关键已非兵力和兵器，而是部队的意志、耐力和决心，各部队要坚决对疲惫不堪的德军实施连续不断的攻击。

崔可夫的果断指挥收到了明显的成效，26日，近卫第八集团军攻占科什卡诺夫卡，27日向前推进了12千米。为守住尼科波尔和锰矿区，德军收缩防线，用主力部队抗击近卫第八集团军，崔可夫部队的进攻受到了遏制，战事陷入暂时的相持状态。

1944年年初，苏德战场两军之间的战线，从北往南自拉多加湖南岸经斯摩棱斯克南下，以第聂伯河为界，德军在西，苏军在东。但苏军的实力已明显高于德军。苏联最高统帅部决定在西南战区实施主攻突击，收复乌克兰和

克里米亚。

1月10日，在冰雪严寒之中，崔可夫指挥近卫第八集团军所属近卫步兵第四军在肖洛霍沃方向发起攻击，几乎没有遭受任何损失便前进到索菲耶夫卡—尼古拉耶夫卡公路。

1月15日，苏联最高统帅部大本营代表华西列夫斯基和方面军司令员马利诺夫斯基在西南方面军司令部召开作战会议，要求该方面军各集团军加紧攻击行动，尽快拿下尼科波尔。

崔可夫针对战场情况，向方面军司令官马利诺夫斯基提出了一份集中优势兵力实施局部突破的作战计划，获采纳。根据这一计划，苏军兵力做了调整，近卫第八集团军的进攻正面缩短了整整60千米。

2月1日，近卫第八集团军向德军阵地发起了进攻，突破了德军的防线。2月2日中午，崔可夫带领集团军司令部人员亲临前线了解敌情，要求部队继续加强攻势。

2月5日，近卫第八集团军和第四十六集团军会合，开始集中兵力猛攻阿波斯托洛沃。至3月10日，崔可夫的近卫第八集团军完成了对因古茨河当面德军部队的合围。

德军为了解除困境，向崔可夫的部队发起了猛烈的反击。对此，崔可夫镇定自若，指挥自己的近卫第八集团军调整兵力部署，坚决挫败了德军的反冲击企图。

3月19日，崔可夫的近卫第八集团军强渡了南布格河，将克里米亚半岛上的德军完全孤立起来，并打开了通向德涅斯特和敖德萨的道路。为表彰崔可夫指挥近卫第八集团军取得的辉煌战绩，苏联最高统帅部大本营于3月21日再次授予崔可夫"苏联英雄"称号。

6月5日，近卫第八集团军被调为乌克兰第三方面军的预备队，随后根据大本营的决定，被编为白俄罗斯第一方面军。

此时的德军已根据苏军的进攻特点，采取了一套全新的"弹性防御"战术。一旦受到苏军的进攻威胁，德军即撤离受威胁地带以保存实力，待苏军

突入后再发起突然反击给苏军以大量杀伤。

针对德军的这一新战术，崔可夫技高一筹，他决定将通常在进攻前一两天实施的战斗侦察改在进攻前两三小时内进行，以使德军无法及时判明苏军的进攻企图。

为防止德军脱身，崔可夫决定以不断投入新的攻击兵力来实施突击的"添油"战术，使德军无法及时躲避苏军的打击，丧失其防御的"弹性"。

崔可夫的上述想法受到方面军司令部一些人的质疑，却得到了最高统帅部大本营代表朱可夫元帅和方面军司令官罗科索夫斯基元帅的大力支持。

7月20日，崔可夫的部队和友邻部队越过苏联与波兰的国境线。

7月23日，近卫第八集团军攻克卢布林。

7月27日，苏联最高统帅部决定下一步进攻计划。崔可夫奉命率近卫第八集团军在华沙以南强渡维斯瓦河并夺取登陆场。崔可夫向方面军司令部大胆提出了自己计划的攻击地点和攻击发起时间，并向有些犹豫的罗科索夫斯基元帅立下军令状：如果进攻失败，自己甘愿被革职送交军事法庭论处。

8月1日，崔可夫指挥近卫第八集团军沿用由战斗侦察迅速转为主力进攻的战术，在自己亲临一线选定的攻击地段发起了攻击行动。

8月2日，崔可夫的部队在德军猛烈的航空轰炸下强渡了维斯瓦河，占领并扩大了登陆场。在紧接着的几天时间里，崔可夫指挥近卫第八集团军对德军的疯狂反扑，实施了坚决而顽强的抗击。在艰难的时刻，崔可夫亲自率领集团军司令部指挥人员渡过河去，在战事最激烈的马格努舍夫实施战地指挥。

最终，经过集团军全体官兵们的浴血奋战，崔可夫终于实现了自己许下的军令状，牢牢地将维斯瓦河登陆场控制在自己的手中。崔可夫的近卫第八集团军在维斯瓦河登陆场之战的胜利，为苏军下一步实施维斯瓦河—奥得河战役起到了重要的作用。

最高统帅部大本营代表朱可夫元帅盛赞崔可夫"以高度的指挥艺术和决心，赢得了在维斯瓦河上夺取和扼守登陆场的交战"；方面军司令官罗科索

夫斯基元帅则明确指出"崔可夫的斯大林格勒保卫者们善于保卫维斯瓦河登陆场的一小块土地"。

尽管取得如此骄人战绩，崔可夫本人却谦虚地表示说：

> 这些指挥官善于鼓舞和引导士兵们去建立功勋，他们的主动精神和大无畏精神，在相当大的程度上促使战役取得了成功。

崔可夫努力为近卫第八集团军的各级勇士们向上司争取到了包括"苏联英雄""一级光荣勋章""一级卫国战争勋章""列宁勋章"等在内的大量荣誉表彰，并亲自前往近卫第八集团军所属各部队，向获得奖励的英雄们授勋。

挺进法西斯老巢
打败入侵之敌

　　1945年年初，苏军已将德军全部赶出苏联国土，并攻入东普鲁士境内。已陷入四面楚歌境地的希特勒妄想与节节进逼的苏军进行破釜沉舟的决战，他在维斯瓦河与奥得河之间构筑了7道防御阵地。

　　为突破德军的最后防线，苏联最高统帅部调集了庞大的部队，配备了大量武器，准备在华沙—柏林方向上实施新一轮强劲攻势。白俄罗斯第一方面军领受的作战任务是从崔可夫所部驻守的维斯瓦河马格努舍夫登陆场向库特诺、波兹南方向实施主要突击。

　　后来，英美联军在阿登战役中严重受挫，为了缓解西线盟军的压力，苏联最高统帅部决定将原定1月20日的进攻行动提前至1月14日进行。

　　崔可夫在接到提前进攻的命令之后，立即组织集团军司令部制订了相应的进攻战役计划。

　　当波兹南城激战正酣时，崔可夫近卫第八集团军和卡图科夫的近卫战车第一集团军的主力部队也不断向西挺进。

　　1月28日，近卫第八集团军攻入德国境内；方面军司令官朱可夫元帅命令崔可夫近卫第八集团军及其友邻部队由奥得河向西继续进攻。

　　崔可夫将近卫第八集团军的司令部西迁至普涅维，他本人在普涅维与波兹南城两地之间往返穿梭实施指挥。

　　1月31日，仅用一天时间，近卫第八集团军几乎就彻底攻克了梅塞里茨筑垒地域。

　　自2月1日起，近卫第八集团军开始进入森林地带，逼近了奥得河。奥得

河是德国首都柏林的大门，为守住这一生死之地，德军在此调集了重兵进行防守，并出动航空兵对苏军实施了疯狂的轰炸，崔可夫的部队遭受了较大损失。

崔可夫亲临作战第一线指挥部队实施强攻，于2月3日攻占了渡河的登陆场，近卫第八集团军的攻击部队随即强渡了奥得河。但随着战线的不断拉长，苏军攻击部队的弹药补给出现了严重问题，使得部队的攻击力受到削弱。

鉴于形势的变化，苏联最高统帅部决定暂缓对柏林的不间断攻击行动，命令各集团军扩大奥得河的各个登陆场并使之连成一体，以便下一步对柏林实施大规模的进攻。

崔可夫的近卫第八集团军任务是与别尔扎林将军的突击第五集团

进入德境的苏军（二战模拟场景）

军一同攻占德军的科斯钦要塞。经过一系列的联合攻击行动，近卫第八集团军和突击第五集团军于3月29日攻克了科斯钦要塞核心堡，使两个集团军的登陆场完全连成了一片，围攻德国柏林已是指日可待。

至1945年4月中旬，在德国东线战场，苏军已在宽大正面上前出到奥得河和尼斯河并占领了登陆场，攻占了维也纳，从东、南两面包围了柏林。在西线战场，盟军合围了鲁尔德军集团，进抵易北河，并向汉堡、莱比锡和布拉格方向发出攻势。

但是，希特勒并不甘心失败，他又纠集了大量德军和国民突击营精心设置了防务，在奥得河—尼斯河地区，构筑了纵深达20千米至40千米的3道防御地带。

在柏林地区，德军也精心构筑了3层防御阵地体系。在柏林城内还设置了大量的街垒防御阵地，甚至在临街的房屋的窗户上都修筑了坚固的射击孔，使整个柏林城变成了一座巨型掩体和射击阵地。

为给守军打气，希特勒声称：

　　我们在任何情况下都要战斗下去，正如腓特烈大帝所说，要一直打到那些该死的敌人每一个都精疲力竭不能再战为止。

　　为尽快攻克柏林，苏联最高统帅部决定从1945年4月中旬对柏林德军发起总攻。由朱可夫元帅指挥的白俄罗斯第一集团军群承担突击并攻占柏林的任务，朱可夫决定由崔可夫指挥的近卫第八集团军和第四十七、第三集团军及突击第五集团军从科斯钦登陆场实施主要突击行动。

　　4月12日，朱可夫元帅向崔可夫发布作战命令，要求近卫第八集团军在霍尔措夫铁路车站和萨克森多夫村之间实施突击行动，突破德军的防线。

　　4月16日莫斯科时间5时整，崔可夫下达了攻击命令。苏军的炮弹呼啸着倾泻到德军的防御阵地上，整个大地都在可怕的颤抖之中，苏军进攻部队随即发起了强大的攻势。但泥泞的道路、纵横交错的沟渠以及德军的顽强抵抗，大大减缓了苏军的进攻速度，使崔可夫当天攻占泽洛夫高地的计划落了空。针对战场的不利情况，崔可夫当即决定利用夜色掩护来秘密转移炮兵阵地，变更兵力部署，以便对德军实施突袭。

　　此一战术果然收到了奇效，近卫第八集团军于4月17日就突破了德军的第二道防线，夺取了泽洛夫高地。此后，苏军部队就有了将所有战车部队投入攻击行动的便利条件。

　　4月20日晚，崔可夫的近卫第八集团军已突破了德军的第四道防线，前出到加尔岑—金巴姆—爱尼肯多夫一线，其友邻进攻部队也取得了较大的进展。

　　4月21日，近卫第八集团军迅速转向柏林的东南郊和南郊，从南面收住了对柏林的合围圈，并于次日开辟了通向柏林东郊的进攻道路。

　　4月23日，崔可夫近卫第八集团军的进攻部队开始在达米河以西的柏林城区与德军守城部队展开激战。

4月24日，近卫第八集团军以强劲的攻势向柏林市中心地带发起了攻击。此时，德军柏林城防司令官魏德林心里明白，柏林城的失陷已是几天内无法避免的事情了。

但疯狂的希特勒还不死心，他命令负责指挥作战的约德尔将西线德军全部撤回柏林，命令海军总司令邓尼茨立即放弃海军的战斗任务而迅速调运部队回柏林，妄想战局出现戏剧性的转机。

但此时强大的苏军部队已开始对柏林德军发起了势不可当的向心突击，希特勒的幻想逃脱不了破灭的命运。

在强击柏林的作战中，亲临一线的崔可夫将军命令战车部队改变过去单兵作战的战术，以步兵、战车、炮兵和工兵的密切协同，全力弥补战车在巷战中容易暴露翼侧的弱点。这样一来，近卫第八集团军减少了战车的损失，大大加快了在巷战中的推进速度。

4月27日，崔可夫的部队逼近希特勒的最后一个堡垒——集中了帝国办公厅、国会大厦和希特勒大本营的蒂尔花园区。困守在此的德军仍然在进行最后的抵抗。

5月1日凌晨3时55分，德国陆军总参谋长克莱勃斯打着白旗钻出帝国办公厅的地下掩蔽部，前往苏近卫第八集团军的前线指挥所来谈判。崔可夫接见了他。

克莱勃斯故作神秘地对崔可夫说："我想告诉您一件绝对机密的事，您是我通报此事的第一位外国人，希特勒已于4月30日自杀了。"

听到这个令人吃惊的消息，拥有丰富外交经验的崔可夫以一副早已知情的模样，淡淡地回答说："这消息我们已经知道了。"

崔可夫立即到另一间房子里，用电话将情况向朱可夫作了报告。根据苏联最高统帅部的指示，崔可夫立即向克莱勃斯严正指出："我要直截了当地问你，你们的抵抗有什么意义呢？你们的军队已经在投降，你们的官兵成千上万地成了俘虏，而此时此刻你还在提什么停战和谈判？"

5月1日9时45分，苏联政府发出最后通牒：德军必须彻底投降，否则苏军

将在10时40分对德军实施最后的猛烈炮击。在未得到回应的情况下，苏军按时发起了最后的强攻行动。

5月2日早晨，德军柏林城防司令官魏德林前往崔可夫的前沿指挥所，签署了投降书。中午，柏林守军全部投降。

5月9日，德军最高统帅部代表凯特尔、什图姆普弗、弗雷德堡在无条件投降书上签上了各自的名字。

崔可夫作为历史见证人，参加了德国无条件投降的签字仪式。

旷日持久的苏德战争终于落下了战幕。崔可夫以出色的指挥才能，为战争的胜利做出了很大的贡献。而崔可夫所统率的近卫第八集团军也一同成为伟大的英雄部队，有233人荣获"苏联英雄"称号，10多万人次获得各种勋章和奖章，145个作战单位获得集体勋章。

6月10日，驻德苏军部队统编为苏驻德占领军集群，朱可夫元帅出任总司令，崔可夫上将任副总司；11月，索科洛夫斯基元帅接替了朱可夫的职务，崔可夫升任第一副总司令。在此期间，崔可夫协助总司令采取各种措施对苏占区实施管制，为后来德意志民主共和国（东德）的建立与发展奠定了政治及经济的基础。

1949年3月，崔可夫上将继任苏驻德占领军集群总司令，兼任驻德军管局总指挥官。

5月，崔可夫宣布取消自上年3月起对柏林与西占区及德国东占区与西占区之间的交通及贸易封锁。此后，崔可夫致力于东德的筹建工作。

9月21日，德意志联邦共和国（西德）政府成立。10月7日，德意志民主共和国（东德）诞生。11月6日，苏联部长会议任命崔可夫上将出任新成立的德境管制委员会主席，将原来苏联军政府的行政权力移交给东德政府。

1952年，崔可夫上将在苏共十九大上当选为苏共中央候补委员。

1953年5月底，苏联政府取消了德境管制委员会，崔可夫被调回国，担任基辅军区司令。

1955年，时年55岁的崔可夫获晋元帅军阶。

1960年4月，崔可夫调任国防部副部长兼陆军总司令。同年7月，兼任苏联民防司令。

1961年，崔可夫元帅当选为苏共中央委员，成为苏联武装力量的高层中坚人物。

1972年，72岁高龄的崔可夫元帅改任国防部总监小组组长，仍然着力研究军事理论问题，总结第二次世界大战的经验。在自己的晚年中，崔可夫勤于笔耕，以自己丰富的人生经历和非凡的军事指挥生涯，撰写了《在战火中锤炼青春》和《在华使命》两部回忆录。他还出版了《集体英雄主义的集团军》《斯大林格勒：经验与教训》《战火中的180天》《空前的功绩》《从斯大林格勒到柏林》《斯大林格勒近卫军西进》《在乌克兰的战斗》《本世纪之战》等8部很有分量的战史著作。

1982年3月18日，戎马一生的崔可夫安详地闭上了双眼，享年82岁。他在自己漫长的军事生涯中，以大胆的独创精神屡建战功，先后荣获了9枚列宁勋章、1枚十月革命勋章、4枚红旗勋章、3枚一级苏沃洛夫勋章、1枚红星勋章。

英雄赞歌

第二次世界大战著名英雄

库兹涅佐夫

　　库兹涅佐夫，二战时期的苏联海军总司令，军事家，苏联海军元帅。"苏联英雄"称号获得者。1919年参加红军，1932年毕业于海军学院。1939年至1946年担任苏联海军人民委员和海军总司令。苏德战争中指挥海军对德作战，是苏联杰出将领之一。为了纪念他，1991年服役的俄罗斯航母被命名为"库兹涅佐夫海军元帅"号。

战争爆发
领导海军顽强抵抗

1902年7月11日，尼古拉·格拉西莫维奇·库兹涅佐夫出生于俄罗斯德维纳河流域的麦德维德卡村的一个农民家庭。他小时就失去了父亲，因家贫只在教会学校读了3年书。1919年秋天，库兹涅佐夫报名参加了红军，被分配在红海军北德维纳河区舰队。

1920年春天，在部队表现优异的库兹涅佐夫被选拔进入伏龙芝海军学校学习。在校期间，他学习刻苦，表现突出。1925年，库兹涅佐夫加入苏联共产党（布尔什维克）。

1926年，库兹涅佐夫从海军学校毕业后加入黑海舰队，在"红色乌克兰"号巡洋舰上担任值班长、司炉连连长。1929年7月29日，斯大林登舰视察，对这个年仅27岁的值班军官记忆深刻，不久，库兹涅佐夫进入海军学院深造。1932年，他毕业后回到塞瓦斯托波尔的"红色高加索"号巡洋舰担任大副，次年升任舰长。

1936年7月18日，西班牙法西斯分子掀起旨在扼杀西班牙共和国的反革命叛乱并得到德国的支持。但共和派也得到苏联的援助，各国的共产主义者和社会主义者纷纷前往西班牙，组成了闻名世界的国际纵队。

苏联是西班牙共和国政府主要的援助者，他们提供给共和军约800余架飞机、360余辆坦克和1500多门大炮，其中有如T-26战车、BT-5快速战车、I-15、I-16战斗机等当时世界一流水平的装备。8月，库兹涅佐夫奉命出任苏联驻西班牙共和国大使馆海军武官兼西班牙海军总顾问，主要任务是协同西班牙海军护运来自苏联的武器装备和志愿人员。

1937年8月，库兹涅佐夫调任太平洋舰队第一副司令。1937年年底，苏联成立单独的海军人民委员部。1938年1月，库兹涅佐夫升任太平洋舰队司令，被授予海军中将军衔。

1938年7月，日军在张鼓峰一带向苏联发起挑衅。库兹涅佐夫领导的太平洋舰队也参与了反击战斗，为陆军运送物资和人员。8月中旬战事结束。

12月，库兹涅佐夫来到莫斯科参加海军总委员会会议，讨论海军理论和海军发展问题。

1939年2月，库兹涅佐夫出席苏共第十八次代表大会。会议期间，海军人民委员弗里诺夫宣布辞职，库兹涅佐夫则就海军问题发言，引起了斯大林的特别注意。

同月，库兹涅佐夫升任海军第一副人民委员，一个月后出任海军人民委员兼海军总司令。时年不足37岁。为制止法西斯发动战争，英法苏开始谈判。库兹涅佐夫作为苏联海军代表也参加了谈判。由于英法两国对谈判缺乏应有的诚意，谈判未能成功。为了自身的安全，苏联和德国签订《苏德互不侵犯条约》。

1939年9月，第二次世界大战在欧洲爆发。苏联先后强迫合并波罗的海沿岸各国，取得了更多的海军基地。随后又发动"冬季战争"。苏联海军在对芬兰战争中有所贡献，但也暴露出许多弱点。

库兹涅佐夫担负海军领导工作后，苏联海军有长足的进

库兹涅佐夫元帅

步。他在回忆录里写道："1941年前，我们有将近600艘战舰。在各个海区里有3艘战列舰、7艘巡洋舰、59艘驱逐舰、28艘潜艇。"此外，还有近270艘鱼雷艇和2500多架飞机。

战前苏联海军情报系统就拿到德军攻苏的情报，库兹涅佐夫客观地上报给上级。1941年3月3日，在库兹涅佐夫的提议下，海军总司令部发出指示各舰队对来犯者无须警告即可开炮的训令。6月19日和20日，海军人民委员部命令波罗的海舰队和黑海舰队转入二级战备状态。

6月21日（星期六）晚上11点，铁木辛哥元帅召见库兹涅佐夫，命令苏军进入完全战备状态。库兹涅佐夫立即通过电话向波罗的海舰队和黑海舰队传达命令。

6月22日凌晨，德军向苏联发动突然袭击。

事实上，德国海军对苏军波罗的海舰队采取行动在战争爆发的前几天就已开始了。法西斯的潜艇至少在两天以前就进入了靠近苏联海岸的阵位。6月21日，德国和芬兰的舰艇就开始在芬兰湾口苏联舰艇可能经过的航道上布设了水雷。

从6月19日起，已进入二级战备的苏军波罗的海舰队，通过侦察发现了几艘不能识别的可疑舰艇，它们究竟在干什么没有查清楚。至于德军飞机入侵苏联领空、舰艇频繁来往于芬兰和德国的港口和基地之间这类事则早已引起了舰队司令部的不安。舰队首长向海军总司令部报告了这些情况，甚至还请求批准布设防御性水雷障碍。

6月21日23时35分，库兹涅佐夫命令："转入一级战备。一旦遭到袭击，即可使用武器。"

利巴瓦（利耶帕亚）海军基地司令员克列文斯基接到命令后，把这项命令通报了自己的作战首长——波罗的海滨海军区司令员兼步兵第六十七师的师长杰达耶夫将军，他们将要协同作战。

舰队下达提高战备等级的命令后，估计德军可能从利巴瓦地区发动进攻。因为这个地区的陆上边界和海上边界都直接毗连德国。果然，对波罗的

海舰队来说，战争正是在利巴瓦地段开始的。

6月22日4时，希特勒的军队开始对波拉恩根纳，即帕兰加地区发动进攻。同时，他们的飞机开始轰炸利巴瓦的飞机场。德军步兵二九一师以强行军沿着海边道路向利巴瓦市推进。

当时，还没有按战时体制展开的苏军步兵第六十七师和海军基地的部队进行了英勇的抵抗。从6月22日早上开始，波罗的海海军舰艇开始在基地入口附近布雷，潜艇也受令进入预定阵位，而部分舰艇则调到温次匹尔斯和乌斯季德文斯克。

傍晚，德军对塞瓦斯托波尔的空袭已被苏联海军击退。黑海舰队也开始对航道进行检查性扫雷，以消除德国飞机投下水雷引起的危害。多瑙河区舰队有组织、有准备地以比德军更加猛烈的舰炮火力回击了德军从罗马尼亚海岸来的暴风雨般的疯狂射击。

至于波罗的海舰队方面，德国飞机在喀琅施塔得附近投下的水雷已被观察哨发现，因此没有构成多大的危险。

6月22日晚上，库兹涅佐夫听取了海军参谋长伊萨科夫海军上将的汇报，他刚从塞瓦斯托波尔回来。在这次汇报中库兹涅佐夫才获悉，德军已向利巴瓦长驱直进。

虽然苏军步兵第六十七师的战士们在海岸炮兵的支援下，击退了德军的第一次强攻。但是，希特勒的军队仍然在6月25日日终时突入到"托马拉"造船厂。

"列宁"号驱逐舰舰长阿法纳西耶夫海军大尉，当时是厂修舰组组长，他下令炸毁那些不能出海的舰艇。同时还炸毁了弹药仓库和油库。

6月25、26日两天，保卫城市和基地的战斗仍在继续。6月26日黄昏，师长和基地指挥员接到撤退的命令。但这项命令已只能部分执行，因为通向温次匹尔斯的几条道路都已被德军占领。苏军在利巴瓦的各据点的抵抗又持续了5天，直到第六天才停止了射击。

抵抗德军向利巴瓦发动第一次疯狂强攻的部队，除了步兵第六十七师和

岸防炮兵外，还有海军的分队：位于利巴瓦的防空学校、海军近程侦察机大队和其他一些部队。由于利巴瓦保卫者们的英勇作战，德军的闪电式进攻没有得逞，并遭受了重大损失。

7月3日晨，斯大林发表演说，指出了将如何展开对敌斗争。斯大林号召人民投入这场无情的神圣战争，不要幻想轻而易举地很快取得胜利。

斯大林说：

由于强加于我们的战争，我国已经同最凶恶而阴险的敌人——德国法西斯主义展开了殊死的搏斗。我国军队正在同以坦克和飞机武装到牙齿的敌人英勇作战。红军和红海军正在克服重重困难、为保卫每一寸苏联国土而奋不顾身地战斗。……用我们

海上反击

的一切力量来支援我们英勇的红军和我们光荣的红海军！用人民的一切力量来粉碎敌人！

斯大林的讲话，极大地激发了苏联军民战胜侵略者的决心。战争初期，尽管德军对苏联海军基地的空袭十分频繁，但苏联海军并没有被比自己强大的法西斯军队吓倒。

为了回应德军对利巴瓦残酷的空袭，库兹涅佐夫指示波罗的海舰队的航空兵在战争开始不久就袭击了梅梅尔，根据航空照片判断，这次空袭使该地遭受了巨大损失。此外，苏联航空兵在黑海也有效地突击了普洛耶什蒂。黑海舰队的舰艇还做好了袭击康斯坦萨的准备。

主动出击
袭击德军石油基地

战事急速发展，使战前制订的所有作战计划都变得不切实际了。库兹涅佐夫只好指示苏联海军舰队针对暂时对自己不利的形势，去完成与计划完全无关的其他一些任务。

苏联海军是一支防御性力量，不是用于单独和敌国舰队作战，而是用于护航和保卫交通线，配合陆空军完成各种任务的。库兹涅佐夫的海军总司令部下辖参谋部、政治部、航道测量部、海军航空兵司令部、海防炮兵司令部等职能部门，以及北方、波罗的海、黑海、太平洋4个舰队和平斯克等5个区舰队。

在战争最初几个星期中，由于情况紧急，库兹涅佐夫给波罗的海舰队航空兵司令员萨莫欣将军下达命令经常是"直线下达"，未通知波罗的海舰队司令员。在这种情况下，纯属海军的任务对波罗的海舰队航空兵来说已放在次要地位。

舰队司令员特里布茨将军据理多次报告了这种不正常的状况，而库兹涅佐夫那时给他答复的总是千篇一律的要求："对塔林、汉科、厄塞尔岛以及达格岛要坚守到最后一分力量。"

当时，苏军所面对的是强大的、经验丰富的德军，他们为了发动进攻已做了精心的准备。苏军不惜一切力量阻住德军，但是战斗经验不多，要取得经验，还需要时间，而这段时间又要付出很大的努力和巨大的牺牲。然而，努力不是徒劳的，牺牲也不是没有意义的。如果没有在利巴瓦和爱沙尼亚领土上进行顽强的斗争，也许塔林也就不可能在围困中坚持近一个月时间。如

果没有保卫塔林、厄塞尔岛、达格岛及汉科的战斗，那么在危急的1941年的9至10月份，也许就很难守住列宁格勒。

尽管苏军有种种失算，但海军在保障陆军翼侧方面所起到的作用还是非常重要的。无论是在战争初期，还是在以后的作战中，苏联陆军的后方从未受到过德军从海上登陆的干扰，这不能认为是一种偶然现象，也不能认为是德军指挥部的失算，而是处于翼侧的海军基地的坚强防御。

库兹涅佐夫在战争之初就对海军几个舰队下了死命令，要求他们协助陆空军保卫祖国的每一寸土地，并相机袭击侵略者。

波罗的海舰队在1941年经历了几个月的艰难日子，它被迫从利巴瓦撤到喀琅施塔得。正是在这几个月内，波罗的海舰队受到了严峻的考验。但他们勇敢地经受住了这种考验。

黑海舰队从战争的第一天起就把主动权掌握在自己手里。舰队航空兵首先对罗马尼亚境内的重要目标实施了突击，然后又击退了来自罗马尼亚海岸的第一次袭击，并把登陆兵遣送到罗马尼亚海岸登陆。潜艇还出动到罗马尼亚和保加利亚海岸附近去搜索和攻击德军的舰艇。

黑海舰队当时已拥有1艘战列舰、5艘巡洋舰、16艘驱逐领舰和驱逐舰、2艘护卫舰、47艘潜艇、84艘鱼雷艇和许多辅助船只。舰队航空兵计有625架飞机。舰队的主要任务是保障和掌握黑海的制海权。

同其他舰队一样，保障陆军翼侧也是黑海舰队最重要的任务之一。战争越迫近，舰队与敖德萨边疆军区的陆军部队的协同作战就越受到重视。正是为了操练这种协同作战而在战争爆发的前夕举行了一次最后的演习。演习取得的成绩在战争的头几个月就已反映出来。

德军"南方"集团军群在向东推进的同时，接连占领了苏联的几座沿海城市。德军吹牛说，苏联的黑海舰队失去自己的一切基地后，很快就会在"陆上枯竭，自行灭亡"。但是，黑海舰队仍在战斗，而且日益加强突击的力量。

在罗马尼亚成了法西斯德国的同盟国后，库兹涅佐夫要求黑海舰队指挥

部突击罗马尼亚舰队的主要基地——康斯坦萨。

　　早在6月22日夜间，黑海舰队航空兵就已对康斯坦萨的军事目标实施了第一次空袭。6月23日又连续进行了5次空袭：3次空袭康斯坦萨，2次空袭苏利纳。

　　此后不久，航空兵又对普洛耶什蒂实施了突击。苏联最高统帅部认为，普洛耶什蒂是具有特殊意义的目标，因为它是罗马尼亚的石油生产基地，而石油是法西斯德国非常需要的。

　　轰炸前，斯大林曾问库兹涅佐夫："英国能否轰炸普洛耶什蒂？"当得到否定的回答后，斯大林要求库兹涅佐夫联合陆军航空兵实施行动。

　　库兹涅佐夫立即与黑海舰队司令奥克佳布里斯基中将研究了详细的作战计划。从7月份开始，黑海舰队航空兵联合陆军航空兵对普洛耶什蒂进行了多次轰炸。两个月间炸毁了这里的几十万吨石油，而此地的石油开采在一段时

苏军舰艇

间内也几乎降到了零。

希特勒在得知苏军轰炸普洛耶什蒂后，在给纳粹德国陆军总司令布劳希奇的信中强调：必须尽快夺取黑海沿岸和克里木以及这一带的飞机场，这样，我们就可以永远掌握油井了。希特勒接着指出，如果俄国飞机对我们唯一的石油来源长期实施这样的空袭，就很难想象，战争的进程将会发展成什么样子。

库兹涅佐夫在得知普洛耶什蒂的德军加强戒备后，并没有停止对德军的袭击，而是在获取德军的情报后，又派出两艘驱逐领舰"莫斯科"号和"哈尔科夫"号前去炮击德军的又一个石油基地康斯坦萨。这个突击群由"伏罗希洛夫"号巡洋舰和两艘驱逐舰担任掩护。这些军舰在夜间完成了航渡，拂晓突然出现在康斯坦萨附近。早晨5时，两艘驱逐领舰开始射击。

整个编队的指挥员诺维科夫海军少将和驱逐领舰突击群的指挥员罗曼诺夫海军中校一共向指定的目标发射了350发炮弹，炮弹击中了石油库，引起了熊熊大火。但为这次胜利，苏军也付出了高昂的代价。

舰上的炮兵顺利地击中目标后，舰艇撤出时采用高航速——30节，并进行曲折机动，结果丢失了"破雷卫"（一种用于对付水雷的装置），致使驱逐领舰"莫斯科"号触雷炸毁。

"哈尔科夫"号想帮助正在下沉的"莫斯科"号，但自己也遭到岸炮的射击而受了伤，只好放弃救助，随舰队后撤。

舰队在驶出塞瓦斯托波尔时，黑海舰队的"快速"号驱逐舰又被德军设计出的新式电磁水雷击沉。

库兹涅佐夫接到战报后，心情非常沉重。他立即要求海军水鱼雷研究所尽快揭开德国这种新式武器的秘密。库兹涅佐夫还致电列宁格勒物理技术研究所，请求协助找出破解电磁水雷的方法。

1941年8月份，以亚历山德罗大为首的列宁格勒物理技术研究所的研究员小组——库尔恰托夫、列格利、斯捷潘诺夫、谢尔巴一行五人来到了黑海舰队。

科学家们与舰队的水雷专业人员一道，冒着生命危险拆卸德国水雷的引爆装置，探索这种新武器的秘密，研究对策。黑海舰队的水雷专业人员奥赫里缅科、马洛夫、伊万诺夫和克瓦索夫也同专家们一起小心翼翼地琢磨着他们未曾见过的仪器，寻求安全处理这些奥秘的、稍有不慎便会随时爆炸的机械装置的方法。

不久，这个任务便完成了。扫雷舰艇装备了专门的新式扫雷具，而大型舰艇则逐步装备了专门的消磁线圈。最先采取这种防水雷设施的是苏联海军的"C"级潜艇。

后来，黑海海域又出现了一批德军的新型水雷：声引信水雷、磁声引信水雷，以及水压引信水雷。为了确保舰艇和战士们的生命安全，库兹涅佐夫又从莫斯科调来了一些经验丰富、精通业务的科学家，专门组成由专家领导的研究小组，最终找到了破解德军新型水雷的方法。

随着战争的形势逐步明朗化，为了便于指挥和协调，库兹涅佐夫命令将多瑙河区舰队编入黑海舰队。

多瑙河区舰队编入黑海舰队后，位于对德斗争的最前沿。不久，北摩尔达维亚前线的局势恶化了。多瑙河区舰队奉命将主力派去与步兵第十四军协同作战，而多瑙河口只留下少量兵力进行掩护。

后来，由于苏陆军部队陆续撤退，区舰队的多瑙河上游支队的舰艇也且战且退，向伊兹梅尔突围。多瑙河区舰队司令员阿布拉莫夫后来对库兹涅佐夫说，战争初期，区舰队作战顺利，而在这样的情况下，向伊兹梅尔的撤退使他非常伤心。

在以后的战争中，重新组建的多瑙河区舰队在戈尔什科夫海军少将和霍洛斯佳科夫海军少将的指挥下，与陆军兵团协同作战，陆续扭转了被动局面，开始在战场上赢得胜利。

海空联动
保卫祖国神圣领土

1941年6月22日，德国飞机从芬兰机场起飞轰炸了苏军北方舰队的舰艇和机场。北方舰队司令阿尔谢尼·格里戈里耶维奇·戈洛夫科在电话里向库兹涅佐夫报告。

"莫名其妙，我们遭到空袭，却还把芬兰当中立国！"戈洛夫科说。

库兹涅佐夫命令道："抓紧时间，全面展开舰队的兵力，布设水雷障碍，密切注视海上的情况。"

在海军参谋长伊萨科夫海军上将的一次报告上，库兹涅佐夫曾与其他将领一起专门讨论了这样一个问题：可不可认为芬兰是中立国？德军的登陆兵是否可能在苏联北方登陆？

芬兰政府在30年代曾追随某些西方国家的政策。芬兰的艇船编队当时不仅异常关注芬兰湾和拉乡多加湖上的波罗的海舰队，而且还相当关注在佩萨莫和摩尔曼斯克地区的北方舰队。

尽管如此，苏联政府还是真诚地希望与邻国保持友好关系，在签订1940年的和约时，苏联表示了温和的态度。但芬兰的好战集团却把赌注押在与希特勒的联盟上。

6月24日晚上，在斯大林办公室举行的会议上，库兹涅佐夫报告了芬兰飞机和德国飞机空袭汉科，及轰炸波利亚尔内的舰艇的情况，还汇报了德军在芬兰—挪威边境集结，以及沿芬兰边境向苏联边境推进的情况。

6月25日，黑海舰队司令员报告，德军山地步兵第十九军正在向苏联边界推进。现在已经毫无疑问，德军很快就要从芬兰边境方向发起进攻了。

6月29日，德军正式发动进攻。从这天起，战争席卷了北方的广大地区。至此，苏联战线的翼侧就不仅依托黑海和波罗的海沿岸，而且依托在非常寒冷的巴伦支海了。

北方海战区的特点是它不受严酷的自然条件的限制。由于从大西洋流往巴伦支海西南部的暖流，冰层全年都不妨碍舰队的战斗行动。但是，在巴伦支海和白海的北部和东部，以及喀拉海，舰艇冬天则因冰封而不能出航。

频繁的暴风，尤其是在秋、冬两季，低云、雾、阵雪、雷暴——所有这些都极其妨碍舰艇和飞机的活动。但雾又能帮助护航运输队隐蔽航渡和遣送登陆兵登陆。北方的自然特点就是如此奇特。

给舰队行动造成严重困难的是极昼和极夜。在极夜，目力搜索更加困难，而在极昼条件下又几乎不能隐蔽行动。由于苏联与盟国间的交通线、军事运输和国民经济运输都离不开北方航路，所以不冻港摩尔曼斯克就显得十分重要。

挪威北部沿岸的地理特点是：狭湾众多、海岸高而陡峭、沿岸海域都是深水区。德军舰队的舰艇能够利用这些特点，在这里机动而分散地驻泊。

德军指挥部在准备进攻苏联时，在挪威北部和芬兰北部保持战备的有芬兰1个军和德国2个军，它们编成一个"挪威"集团军。

德军的作战计划是攻占摩尔曼斯克和北方舰队的主要基地——波利亚尔内，夺取基洛夫斯克铁路，从而切断科拉半岛与苏联的联系，占领苏维埃卡累利阿，占领包括阿尔汉格尔斯克在内的白海区域。

德国法西斯指挥部打算主要用陆军兵力和空军实施闪击战来实现他们进攻北方的计划。轰炸机对波利亚尔内和摩尔曼斯克进行密集突击，摧毁白海—波罗的海运河上的水闸，切断北方海战区与波罗的海的联系。

战争开始时，德军在北方的海军力量为数并不多，他们驻泊在瓦兰格尔峡湾内的各港口和基地，包括佩萨莫和基尔克内斯。

德军第五航空队、芬兰空军和法西斯的运输飞机在北极地区有一个相当大的机场网。直接攻击北方舰队的飞机约有170架，其中有近百架是轰炸机。

在这里，战线延伸300多公里。与德军对峙的兵力是弗罗洛夫中将指挥的第十四集团军。该集团军共有5个师，其中有2个在摩尔曼斯克方向作战。

防守摩尔曼斯克方向的是这个集团军的右翼，由北方舰队进行支援。北方舰队是苏联海军中最年轻的舰队。战争初期，它的舰艇为数不多，驱逐舰只有8艘，潜艇也只有15艘。甚至连设备良好的基地也没有，舰艇只好停泊在摩尔曼斯克港和科拉湾、莫托夫湾。

北方舰队的空中力量也不强，总共只有116架飞机，主要是一些老式飞机。战争初期，实际上只有3个可用的机场，备用机场和停机坪还在修筑，突击航空兵实际上还没有。而德军在北方的陆军和空军都占优势，只有潜艇的数量不如北方舰队多，水面舰艇的实力大致相等。

苏德战争爆发后，德国山地步兵迪特尔所率的部队开始向摩尔曼斯克进攻，但遇到了苏军第十四集团军和北方舰队的坚决抵抗。苏联陆军和舰队兵力的行动十分协调，同时苏联海军登陆兵和舰艇也发挥了应有的作用。

7月中旬，库兹涅佐夫担心的是舰队的主要基地——波利亚尔内，但是当

海军舰艇

前线的局势稳定下来以后，他就命令北方舰队司令员使用潜艇和部分飞机去破坏德军通向佩萨莫和基尔克内斯的海上交通线。北方舰队的这次行动击沉了10多艘运输船，其中有几艘运输船载着部队。

此后，德军山地步兵迪特尔部队开始请求增援。1941~1942年的冬季，法西斯指挥部把战列舰"蒂尔皮茨"号、3艘重巡洋舰、1艘轻巡洋舰和为数不少的其他舰艇，其中包括驱逐舰、潜艇、鱼雷艇，调到了挪威北部的各基地。另外，还调来了约520架飞机。

库兹涅佐夫为了应对德军的进攻，在其他战线物质紧张的情况下，只好想办法征用地方和政府部门的船只。将这些船只经改装成护卫舰、护卫艇、布雷舰、扫雷舰、供应舰后，再调到北方舰队使用。

而北方舰队航空兵的飞机则是库兹涅佐夫通过最高统帅部从波罗的海、黑海和红军空军等单位挤出来补充的，还有一些是从同盟国那里得到的。到1942年11月，北方舰队航空兵已有了318架作战飞机。这已经是一支相当可观的力量了！

但在此期间，德军也得到了很大的补充，首先是北方的海军兵力对比已发生了很大的变化，他们占有很大优势。德国海军在北极地区竭力保障自己挪威北部沿岸的海上交通线，破坏苏军的海上运输。

苏军北方舰队与德军舰队针锋相对，一面打击德军的海上交通线，一面保卫自己的海上交通线，必要的时候还要支援第十四集团军的濒海翼侧。

北方舰队司令员戈洛夫科将军曾作为志愿者在西班牙作战，后来指挥过里海区舰队和阿穆尔河区舰队，1940年7月被任命为北方舰队司令员。

在莫斯科，戈洛夫科受到了斯大林和库兹涅佐夫的接见，接受了"整顿舰队秩序"的任务后，他便到波利亚尔内上任。这时距战争爆发还有一年时间，在这一年里，戈洛夫科熟悉了舰队的人员，熟悉了海战区和舰艇。舰队虽然不大，却管辖着广阔的水区。

早在1940年9月初，库兹涅佐夫和戈洛夫科司令员曾乘坐一艘驱逐舰从摩尔曼斯克去阿尔汉格尔斯克，沿途巡视了所有的大小海湾。

　　根据远景规划，在这个广大而开阔的海战区，要建立一支强大的舰队。但当时这还只是一个规划。几个大的工厂还刚刚在动工兴建。

　　北方舰队由于舰艇不够，便用设置海岸炮兵连的办法来弥补。库兹涅佐夫同戈洛夫科的这次巡视主要就是要解决设置海岸炮兵连的问题。有些要设海岸炮的地方荒无人烟，道路很少，有时只好乘拖拉机前去。一部分炮连已经筹备好，一部分还在建设，还有一些甚至还只是纸上的方案。

　　在这次巡视中库兹涅佐夫既详细地熟悉了海战区，也很好地了解了北方舰队新的司令员。戈洛夫科对潜艇和飞机在北方将起到的作用有准确而精辟的见解。

　　德军侵略北极地区的战斗开始时，苏军第十四集团军和北方舰队已作好了迎击德军的准备。在坎达拉克沙方向，德军经过多日战斗才向苏联领土纵深有一点推进，但却未能推进到基洛夫斯克铁路。

　　在摩尔曼斯克方向，尽管德军在兵力上，尤其是在航空兵方面占有优势，但他们只向前推进了不到13公里。到1941年8月，德军已精疲力竭，失去了进攻的能力。苏军把德军阻止在西利察河沿岸。

　　在此之前，1941年7月15日，突向斯列德尼半岛的法西斯陆军部队已转入了防御。当然，他们切断了可掩护科拉湾入口的斯列德尼半岛及雷巴奇半岛与大陆的联系。但这两个半岛仍牢牢地掌握在苏联海军和陆军部队的手里。

　　9月初，德军再次企图在摩尔曼斯克方向发起进攻，但由于第十四集团军的右翼和北方舰队的坚决抵抗，他们只推进了16公里。到10月初，摩尔曼斯克方向战线最后已稳定在海湾区和大西利察河地区。但德军在大西利察河东岸占领的屯兵场还继续威胁着北方舰队的主要基地——波利亚尔内，从那里到波利亚尔内只有不到60公里的距离。

　　早在7月份，舰队军事委员会就报告说，若第十四集团军继续撤退，"舰队在科拉湾的驻泊将受到威胁"。库兹涅佐夫在莫斯科也预料到摩尔曼斯克和波利亚尔内将会遭到猛烈的强攻，因为这里即将运输从美国和英国来的物

资。德国人即使是根据第一次世界大战的经验，也不可能不明白摩尔曼斯克的重要性。

为了确保北方舰队基地的安全，苏联政府请求英国政府提供援助。库兹涅佐夫作为苏联海军方面的代表就此事在莫斯科与英国军事代表团的代表迈尔斯海军少将进行了两三次会谈。

库兹涅佐夫甚至提出了苏英两国海、空军在北方联合作战的初步想法。迈尔斯用严肃的语调答应库兹涅佐夫，他将同英国海军部联系。

7月上旬，苏军第十四集团军在大西利察河一线向德军发起攻击，海军官兵志愿者部队的登陆部队在进攻之德军的翼侧和后方登陆，支援陆军部队。当大西利察河一线进行激烈的战斗时，北方舰队又向莫托夫湾遣送了3支登陆兵和几个侦察破坏组登陆。

登陆兵中的海军官兵作战十分英勇。这支登陆兵的一个海军小组守卫着一座山岗，德军从邻近高地上不断向他们轰击。基斯利亚科夫上士领导的班奉命夺取这个高地。水兵们完成了交给他们的任务。

苏军在战场上（二战模拟场景）

但德军紧接着就向他们发起冲击。海军战士们顽强地坚守阵地。当已不可能坚持下去的时候，基斯利亚科夫命令战士们撤退，而自己则趴在机枪后面，向步步进逼的德军射击，直到射完最后一发子弹，然后他突然站起身子，把手榴弹举过头顶，冲向德军。惊呆了的德军四散逃跑。

后来，基斯利亚科夫突围奔回自己的队伍。1941年8月14日，他在北方舰队官兵中第一个荣获了"苏联英雄"称号，库兹涅佐夫亲自赶赴前线为他颁发了奖章。

在这一时期，北方舰队航空兵也创造了佳绩。北方舰队飞行员在苏联卫国战争最初几个月，也就是在最困难的几个月中取得了许多辉煌的胜利，这些胜利都是与萨弗诺夫的名字联系在一起的。

1941年9月15日，为支援步兵的进攻，德军派出一个大的轰炸机群，由"梅塞施米特"式飞机掩护飞向列宁格勒。萨弗诺夫率领7架歼击机迎击。萨弗诺夫以巧妙的机动，使德军先头轰炸机脱离了队形，并把它击中着火，坠入山崖。德机的战斗队形被打乱了，又有几架飞机被击落，德机吓得赶紧逃跑，慌乱中将炸弹投向了自己部队。

当天下午，萨弗诺夫又率领那7架飞机在前线附近截击了德军30架轰炸机。这些轰炸机由22架战斗机掩护。在这次战斗中，苏联的7名飞行员共击落了13架法西斯飞机，迫使其余的飞机纷纷逃散。

9月16日，苏联最高苏维埃主席团授予萨弗诺夫"苏联英雄"的称号，授予他所在的团红旗勋章一枚。到那时为止，这位海军飞行员已单独击落16架敌机。

随着摩尔曼斯克附近的战线形势好转，关于英国派舰队到北方来的问题已失去意义，苏联政府要求英国的援助项目就转向了其他方面。

1942年春季，按照苏联最高统帅部的命令，苏军准备实施一系列进攻战役，首先是在克里木方向。库兹涅佐夫为此与第十四集团军司令弗罗洛夫中将研究了周密的计划。

为了把德军的预备队吸引到摩尔曼斯克方向，第十四集团军的部队，从

大西利察河地区发动进攻，要突破防线向西挺进。北方舰队的任务是遣送登陆兵在德军后方登陆，从而使第十四集团军突破德军防御时易于推进。

担任登陆兵的是海军陆战第十二独立旅，由拉索欣海军上校和政委基里洛夫指挥。登陆兵中还有舰队的一支侦察队。登陆兵共有将近6200人，装备轻武器和45毫米口径以下的火炮。

登陆编队指挥员由普拉托诺夫海军上校担任。登陆兵的炮火支援由驱逐舰"响亮"号和护卫舰"红宝石"号、"旋风"号担任。它们要压制德军的海岸炮，并把德军的火力吸引过来。

为了达到战役的突然性，登陆兵于1942年4月28日凌晨在预定的地点登陆，并开始向前挺进。到5月1日，第十二独立旅已占领了宽15公里的登陆场，并向纵深推进了12~14公里。

5月30日晨，近卫军中校萨弗诺夫奉命带领战友波克罗夫斯基和奥尔洛夫起飞去掩护开到摩尔曼斯克的盟军护航运输队，当时，护航运输队距苏联海岸60海里。

德军的飞机已在护航运输队的上空盘旋。45架"容克"式飞机猛烈地轰炸运输船和警戒舰艇。萨弗诺夫立即向最靠近的一架德轰炸机猛冲过去，把它击中着火。波克罗夫斯基和奥尔洛夫向其他的法西斯飞机进行了攻击。

在这次战斗中，萨弗诺夫击落3架"容克"式飞机，他的战友也击落了几架德机。在退出战斗时，萨弗诺夫用无线电告诉团指挥所，他的飞机发动机被击坏。前来助战的新的机群的飞行员询问萨弗诺夫是否受伤，他们准备来营救自己的团长。但是，无线电里传来了萨弗诺夫严肃的回答：

"去追击德军，不然他们就跑了！"

这是他发出的最后一个命令。

战斗结束后，萨弗诺夫没有返航。一天、两天、三天过去了，萨弗诺夫依然没有回来。

库兹涅佐夫得到消息后，立即命令不惜一切代价进行海空搜寻。海军方面专门派出了"古比雪夫"号驱逐舰去搜寻，找了多少遍，但在海上什么也

没有发现。空军也出动多架飞机在作战空域寻找，均没有发现失事飞机的踪迹。

显然，萨弗诺夫是在与战机都受了重伤的情况下，用自己最后的力气向战友发出了向德机追击的命令后，同战机一起沉入了大海。

1942年6月14日，萨弗诺夫成为苏联卫国战争参加者中第一个身后荣获第二枚金星英雄勋章的人。萨弗诺夫指挥过的航空兵近卫军红旗歼击机航空兵第二团从此以他的名字命名。

在摩尔曼斯克的攻防战中，德军指挥部的计划是要不惜一切代价夺取摩尔曼斯克。希特勒甚至要求德军不仅占领摩尔曼斯克，而且要把整个科拉半岛都"移交"给傀儡头目特博文管辖。但在苏联大本营和库兹涅佐夫的领导下，苏军陆、海、空军协同，终将侵略者的计划变成了一纸空文。

045

精心策划
轰炸德国首都柏林

1941年8月初，在莫斯科苏联最高统帅部，库兹涅佐夫将一张特制的波罗的海地图摊开放在斯大林面前。图上，一条清晰的直线赫然画在厄塞尔岛与柏林之间。面对迷惑不解的斯大林，他将自己的计划和盘托出：使用海军航空兵轰炸柏林！

库兹涅佐夫还没说完，斯大林就表现出一脸惊讶，提出这一建议需要足够的勇气和胆识！库兹涅佐夫当然也清楚，执行这样的任务必须挑选最勇敢的飞行员，带上足够多的燃油，采取最有利的飞行高度，充分利用飞机的最大活动半径，无论遇到什么情况投弹后都要毫不迟疑地沿直线返航，否则就只能在德国领土降落……但是，一旦轰炸成功，其意义将不可估量。这样的冒险是值得的。

在详细听取了库兹涅佐夫的说明和论证之后，斯大林锐利的目光扫视了这位年轻的海军中将片刻，重重地点了点头，嘱咐说："你要亲自负责完成这个战役！"

考虑到这次行动比较复杂，库兹涅佐夫要求此次战役的准备和领导都直接由海军航空兵司令员札沃龙科夫空军中将负责。8月2日，札沃龙科夫首先飞抵水鱼雷航空兵第一团驻扎的列宁格勒附近的机场。为了保守机密，他将此行的目的只通知了波罗的海舰队司令员特里布茨海军中将和波罗的海舰队航空兵司令员萨莫欣空军少将。

库兹涅佐夫感到自己的责任重大，因为他不仅要对即将执行这次任务的人员负责，还要对最高统帅部负责。库兹涅佐夫与札沃龙科夫详细讨论了应

该注意的问题后，又特意安排了几次试验性飞行，以便证实他们考虑的是否符合实际情况。

8月2日夜间，即将执行任务的航空兵又进行了一次气象侦察并对柏林附近的目标——斯维讷明德进行了轰炸。飞机满载燃油和炸弹从厄塞尔岛上的卡古尔机场起飞，就像是飞往柏林那样。这次飞行证明，训练有素的飞行员能够驾驶重型轰炸机从这个小机场起飞。

8月4日清晨，15架飞

飞机编队

机在卡古尔机场降落。随后，札沃龙科夫也抵达那里。他不仅要亲自检查准备工作做得怎样，而且要对首次空袭柏林的实施情况负责。

8月5日夜间，札沃龙科夫派出5架飞机到柏林进行侦察，结果查明：德军高射炮是环城配置的构成半径为100公里的环形防御。德军还部署了许多探照灯，能够照射的距离为6000米。

经过测试，库兹涅佐夫和札沃龙科夫心中有了数：这次飞行是困难的，但又是可行的。于是，各部门又一次检查了物质器材，排查了一切飞行中可能遇到的问题。

8月7日夜，15架满载油料和炸弹的飞机从厄塞尔岛滑离跑道，直奔西南方向飞去。这次作战由叶夫根尼·尼古拉耶维奇·普列奥布拉任斯基上校指挥，机群中有他的助手格列奇什尼科夫大尉、叶夫列莫夫大尉和领航员霍赫洛夫大尉。

正当库兹涅佐夫要动身到最高统帅部汇报情况的时候，收到了札沃龙科夫的飞机已经起飞的通报。库兹涅佐夫相信，最高统帅部会首先问的一定是空袭柏林的情况。

果然不出所料。一见面，大本营的总参谋长就问他空袭柏林的准备情况。库兹涅佐夫报告说："战役已经开始！"

8日凌晨，第三帝国首都柏林沉浸在一片寂静之中。被戈培尔的宣传搞得晕头晕脑的观察哨值班员们，连做梦都没有想过他们的头顶上会出现苏联飞机。当苏军的飞机飞近时，他们还从地面发信号询问：哪个部队的飞机？飞到哪里去？他们认为是自己的飞机迷航，还建议飞行员在附近的一个机场降落。

苏联飞行员开始从7000米的高空下降。柏林的灯火从高处看得清清楚楚，市内没有实行灯火管制，柏林的纳粹分子大概还在做着美梦，因为他们的军队正在向列宁格勒进军，向莫斯科进击，认为红色苏联即将被征服。

领航员霍赫洛夫根据灯火和河流、湖泊、道路的轮廓，修正自己的航向，引导飞机直奔柏林的中心。然后，15个"不速之客"将7500公斤炸弹投向了目标，随即掉头便走。

返航途中，兴奋的飞行员们已完全把德军漫天搜索的探照灯，四处飞舞的高射炮弹抛在脑后。

法西斯德国甚至没有想到，轰炸他们首都的是苏联飞机。德国的报纸第二天刊登了这样一条消息：

英国的飞机轰炸了柏林，有些伤亡。6架英国飞机被击落。

对此，英国人回应说：

德国关于轰炸柏林的报道令人莫名其妙，因为8月7日至8日，英国飞机没有飞到柏林上空。

得到英国的回应，德国人才如梦方醒，原来实施这次成功的空袭的是苏联飞机。

继第一次空袭柏林后，苏军此后又进行了几次空袭。但由于德国加强了戒备，空袭已经变得不那么容易。每次苏军的飞机刚刚飞越海岸线，就会遭到德军疯狂的炮击，柏林周围已建立了复杂的对空防御配系。

库兹涅佐夫在每一次空袭前都要求海军航空兵制定特殊的战术。但尽管如此，空军英雄们通常也只能在7000米以上的高空飞行。因为对于苏军的轰炸机来说，只有在这样的高度，才能最大限度地保证自身的安全。

希特勒遭到多次打击，发出了野兽般的嚎叫："必须消灭苏联海军！占领苏联所有海军基地！"

苏军为了保护厄塞尔岛上的海、空军基地，几乎把岛上所有的高射兵器和有限的歼击机部队都集中到这些机场去。

9月5日，苏军对柏林进行了最后一次空袭，此后由于被迫放弃了塔林，就不能从厄塞尔岛起飞了。空袭柏林的战斗就此结束。

有序撤退
打乱侵略者部署

　　1941年7月27日，希特勒授予已加入轴心国阵营的罗马尼亚军官安东尼斯库陆军元帅军衔，要求罗马尼亚军队在德军支援下攻占苏联的黑海港口城市敖德萨，切断苏联通过敖德萨从黑海向乌克兰输送兵力和物资的渠道，同时也方便德军抽出兵力进犯苏联腹地。

　　希特勒要求他们完成这个任务的时间不得超过1941年8月。德军陆军前总参谋长哈尔德在日记中有这样一段话：

　　　　罗马尼亚人认为，只有到9月份，他们才能占领敖德萨。这就太晚了。不拿下敖德萨，我们就无法夺取克里木……

　　德国人懂得，夺取克里木对他们具有何等重要的意义！哈尔德在其后曾这样写道：

　　　　夺取克里木半岛对于保障从罗马尼亚运出石油有着头等重要的意义。

　　8月3日，罗军第四集团军在司令尼古拉伊·索皮卡指挥下横渡德涅斯特河。罗军计划兵分两路，左翼第三集群，辖罗军第一、第三、第七步兵师和第二坦克团负责正面强攻敖德萨；右翼第五集群，辖罗军第十五步兵师、第一装甲师和第一骑兵旅负责由敖德萨以南发起侧攻。

8月初，罗军的进攻截断了滨海集团军及敖德萨基地的苏军部队与南方方面军主力的联系，这时，库兹涅佐夫应召到最高统帅部。

"依你的意见，由谁来领导防御合适呢？"斯大林问库兹涅佐夫。

库兹涅佐夫回答说："海军基地司令员茹科夫海军少将。"

作为海军总司令，库兹涅佐夫向最高统帅部提出坚守敖德萨，组成"敖德萨防御地域"的建议。同时，还指示各海岸炮兵连要作好射击陆上德军的准备，并准备与舰艇和航空兵协同作战。

随后，斯大林亲自口授了一份电报发给敖德萨："敖德萨不能放弃，要坚守到最后一刻。吸收黑海舰队参加。"

斯大林还听取了库兹涅佐夫的建议，下令组建敖德萨防区，任命茹科夫海军少将统辖红军独立滨海集团军、黑海舰队、敖德萨基地和民兵部队。

以茹科夫海军少将为首的敖德萨防区组织起来以后，作了一些人事调整。防区参谋长由陆军将领希金宁担任。应茹科夫的要求，由索夫罗诺夫将军担任防区副司令员。敖德萨海军基地指挥员由库列绍夫海军少将担任，而基地参谋长则由杰列维扬科海军上校担任。

苏军投入防御兵力为第二十五和第九十五步兵师、第九骑兵师、第四二一海军步兵旅（由黑海舰队水兵组成）、第五十四步兵团及1个内务团，总共3.5万人，配以240门火炮和110多架飞机。

守卫部队立即卓有成效地开展了工作，他们围绕敖德萨市区修筑了由战壕、碉堡和反坦克炮阵地组成的3道防线。外围防线距市区25~30公里，全长80公里；中层防线距市区6~8公里，全长30公里；最后的防线即敖德萨市区。海军官兵8000多人占领了该市周围的防线。

8日，罗军发起总攻。14日，罗军第一骑兵旅突破外围防线，孤军深入至亚历山德罗夫卡镇，原地转入防御，等待后续跟进的罗军第一装甲师。下午，随着远处传来隆隆的螺旋桨声，很快天空中出现了数架被喻为"黑色死神"的苏军"伊尔-2"强击机。

它们喷吐着火舌扑向地面，一排排弹雨过后，罗军人仰马翻，一些受伤

后倒地的战马苦苦挣扎，发出声嘶力竭的哀嚎。空袭刚过，四面八方就涌出难以计数的苏军士兵，他们口中高喊着"乌拉！"潮水般扑向罗军。

双方随即展开了一场中世纪般的搏杀：罗军骑兵抽出锋利的马刀，策马出击；苏军步兵排着整齐的队列，步枪上好了雪亮的刺刀，杀向罗军骑兵。一时间，小镇里杀声震天。

战至下午，罗军第一装甲师赶到，罗军才挡住苏军的反击。随后几天，罗军不断进攻，不久占领了敖德萨城外的蓄水池，切断了市内水源，使敖德萨军民只能依靠海运的淡水维持生命。

18日黎明，罗军2个步兵团以1个坦克团为先导向敖德萨外围防线的米哈伊洛夫卡镇发起进攻。罗军坦克刚刚前进不久，对面阵地上就闪起一道道光晕，苏军密集的反坦克炮火像雨点般袭来。转眼间罗军20余辆捷克制轻型坦克便被接连命中，坦克团团长当即毙命。

苏联战场（二战模拟场景）

第二次世界大战著名英雄

失去坦克支援的2个罗军步兵团仍然拼死冲锋，杀进镇里，战斗异常惨烈，包括2个团长在内的半数罗军军官阵亡。当日夜，罗军终于彻底控制该镇。24日，罗军全面突破了苏军外围防线，敖德萨市区已进入罗军重炮射程之内。

28日晨，随着隆隆炮声，罗军打响了对苏军中层防线的进攻战。苏军顽强抵抗，敖德萨市内，拖拉机厂工人配合苏军为拖拉机安装45毫米反坦克炮，改装成简易坦克投入战斗；战场上，苏军反坦克炮手，面对驶近的罗军坦克，无一后撤，连续开炮直至战死炮位。

9月13日，为打破僵局，罗军集中了2个师再度发起强攻，突然遭遇大量苏军抵抗，全天仅推进300米，打头阵的一个步兵师伤亡巨大，不得不撤出战斗，由其他部队顶替。后据情报显示，原来苏军刚从黑海将1个步兵师约12600人运抵敖德萨防线。罗军很快组织对敖德萨港口的大规模空袭阻止苏军的补给和增援。

15日、16日，德国空军和罗马尼亚空军联合出动了9个轰炸机大队对敖德萨港口展开轰炸。罗军轰炸机低空接近，使善于对付高空目标但射速慢的苏军重型高炮难以发挥优势。空袭给苏联海军运输补给舰队致命打击，击沉苏军驱逐舰、炮艇、拖船、运输舰各1艘，击伤多艘，使苏军在敖德萨的海上支援一度中断。

9月21日，罗军终于突破了苏军中层防线，罗军第七骑兵旅一部突入了敖德萨东部市区，跟进的罗军炮兵立即对敖德萨港口进行封锁射击，致使苏联海军运送补给的舰只无法出入港口。被逼上绝路的苏军在9月22日发动了整个战役中规模最大的一次反击，出动了驻防市内的2个步兵师，并从海上登陆1个团的海军陆战队进行配合。

进攻发起前，苏军在罗军第七骑兵旅后方空降了一个小分队，他们袭击了一个罗军团指挥部，并四处活动，造成大部队空降的假象。罗军一时惊慌失措，竟然主动后撤了6公里。

9月30日，库兹涅佐夫给黑海舰队军事委员会发了一份电报，作了一系

053

列具体指示。鉴于德军有可能很快突入克里木，因而命令守军待机放弃敖德萨。

这时，战斗最激烈的地方是敖德萨防线的右翼，步兵第五十四团、榴弹炮第一三四团，以及边防部队和海岸炮兵部队的战士们正是在这里立下了战功。

一位名叫Ａ.Ｈ.库兹涅佐夫的上尉指挥的180毫米海岸炮兵第二十一连负责掩护敖德萨港的海上入口。但因罗军突入到港口附近，这个炮兵连已处在防御前沿。敖德萨海军基地参谋长杰列维扬科是这样描绘这次战斗的：

> 炮兵连抗击敌人的强攻是从最大的射击距离上开始的，打退了敌人的几次冲击，每当敌军一接近炮兵连阵地，都遭到了迎头痛击。在8月份的最后几天，有几次都是展开白刃战，站在最前列的是库兹涅佐夫。阵地上多次出现这样的情况：连里的报话员因为同敌人进行肉搏，不止一次地中断了通话……

10月5日，苏联海军总司令库兹涅佐夫收到了最高统帅部关于必须撤离敖德萨的命令，便立即给黑海舰队军事委员会发出一份电报："按照命令全部撤离敖德萨。"

10月6日大本营又电告：

> 请指示茹科夫，撤退不得拖延，首先撤出军队和武器。所有的运输工具都用于完成这项任务。

最高统帅部之所以这样三番五次地提醒按规定期限撤出，这是由于彼列科普的形势日益复杂，必须尽快把增援部队调到克里木去。

部队在撤退中的上船是一项复杂的工作。组织大规模撤退的必要条件是要有很充裕的时间。这段时间对于准备、伪装，以及出敌不意地实施撤退中

054

最关键的行动——最后一个梯队的上船都是必需的。

在苏德战争中，苏联海军曾经被迫组织过3次大规模的军队和居民的撤退，分别是塔林的撤退、敖德萨的撤退和汉科的撤退。3次撤退时条件都不相同，但每次都遇到独特的困难，都是被迫在德军火炮的直接瞄准下撤退的。而且，哪里越顽强地坚持斗争到最后一刻，那里的撤退就越困难。

敖德萨的情况与以前稍有不同，因为此次撤退舰队和防区指挥部掌握有两个多星期的时间，而且德军对苏军的压力也不很大。撤退前，苏军向德军发动了几次有力的突击。部队的撤出十分隐蔽，当最后一个梯队已经离开港口时，罗马尼亚军队仍然不敢向敖德萨推进。

到10月中旬为止，苏军已从敖德萨撤出了1万多人。海军舰员和商船船员们共完成了几百个航次的运输，这种航行后来被称为"炮火下的航行"。撤退的高潮是10月15日黄昏，巡洋舰、驱逐舰和运输船都集结在德军火炮轰击过的敖德萨港湾，掩护部队3万多人隐蔽地撤离阵地以后，登上了运输船，几乎没有伤亡。部队撤离后，德军又向苏军阵地轰击了好几个小时。

为时72天的敖德萨保卫战结束了。这次战斗，德军虽然还有强大的军队，但他们寄托在闪击战上的希望却一天天化为泡影。黑海舰队水兵、滨海集团军战士、敖德萨居民，以及敖德萨保卫战所有参加者的功绩谱写了苏联卫国战争史上光辉的一页。

收复失地
取得卫国战争胜利

1943年7月底，意大利投降，意大利海军作为战利品交给同盟国。那时意大利海军尚有100多艘战斗舰艇，苏联作为同盟国之一分得了1艘战列舰、1艘巡洋舰、8艘驱逐舰和4艘潜艇。

但英、美盟国因怕立即分配战利品会挑起意大利人反同盟国的情绪，因此临时拨出自己的军舰来抵充作为战利品的军舰。他们从英国拨出的军舰是：旧战列舰"君主"号，同样破旧的驱逐舰"圣奥尔本斯"号、"布赖顿"号、"里士满"号、"切尔西"号、"利明顿"号、"罗克斯巴赫"号、"乔治城"号及"林肯"号，还有4艘"厄休拉"级潜艇。美国也拨出一艘旧巡洋舰"密尔沃基"号给苏联使用。

这些军舰虽然不是新的，但毕竟是当时比较先进的海上武器，当苏军派出海军突破德军海空封锁线从美国和英国开回苏联时，无论是作为海军总司令的库兹涅佐夫，还是普通的海军士兵心中都感到振奋。

库兹涅佐夫将新的舰艇及时分配到各舰队。新舰艇分配下去后，库兹涅佐夫手中的舰队每次都能派出约40艘战斗舰艇和2个航空兵师去掩护护航运输队。护航运输队在航行中损失的运输船更少了，而卸载地点也有苏军自己的歼击航空兵和高射武器的掩护。

有了这些舰艇，雷巴奇半岛和斯列德尼半岛上的守备部队也都喘过一口气来。陆军和海军战士们以前曾经在极夜的条件下，在冬季寒风刺骨的花岗石无人区内，顽强地保卫着被德军从陆地、海上和空中封锁的北极圈内的这个角落。

1944年春，苏联各方面军的进攻速度都加快了。当然，与方面军协同作战的各舰队也积极地展开活动。海上作战的性质改变了，参加解放海岸地带和沿海城市开始成为海上作战的目的。

现在，苏联大本营对海军更加重视。最高统帅部在给方面军的训令中明确规定了各舰队的作用。斯大林对库兹涅佐夫说："舰队更积极地在海上作战的时候已经来到了。"这次谈话是在直接提出解放克里木的问题时进行的。克里木位于黑海的正中央，具有重要的战略意义。

苏军在夺取了刻赤半岛上的登陆场之后，总参谋部即着手制订由乌克兰第四方面军和独立滨海集团军同时解放克里木的战役计划。

总参谋长华西列夫斯基简单地给库兹涅佐夫介绍了当前战役的情况，要求库兹涅佐夫制订海军的战斗计划。

库兹涅佐夫立即和相关人员一起拟定了详细的作战方案，力求从海上给陆军以全方位的支援，并封锁塞瓦斯托波尔和克里木的其他港口，使德军的交通线陷于瘫痪。

战役企图是：从彼列科普方向和刻赤半岛同时向辛菲罗波尔和塞瓦斯托波尔进攻。黑海舰队和亚速海区舰队在战役的前一阶段应该支援独立滨海集团军的进攻，在后一阶段，支援整个方面军的进攻。

苏军在克里木战役开始前必须解放敖德萨，这是黑海最重要的港口之一。德军指挥部认为防守敖德萨具有重大意义。失去了敖德萨和黑海的整个西部海岸，必然会使克里木的德军集团在陆上陷于孤立。而且还意味着军事行动会转移到罗马尼亚的领土上，使罗马尼亚港口受到威胁，造成克里木集团的补给线彻底中断。而且，普洛耶什蒂石油区也会遭到突击。

从各个方面来看，敖德萨都是重要的战略基地。因为敖德萨的丧失，必然会使德军加快放弃克里木。

为了加强对黑海沿岸作战的陆军部队的支援，黑海舰队建议把海军航空兵部队和鱼雷艇的基地转移到卡尔基尼特湾地区。库兹涅佐夫经过考虑批准了这个方案。黑海舰队不久就在已肃清了德军的金布恩沙咀（在斯卡多夫斯

克）重新组建了奥恰科夫海军基地。基地部署有几个海岸炮兵连，并拨出部分强击航空兵交基地指挥。

3月初，由普罗岑科海军中校指挥的新罗西斯克鱼雷艇第二支队转移到斯卡多夫斯克驻泊。天气不利于海上航行，但鱼雷艇仍然在20小时内航行了差不多500海里。不久，第二鱼雷艇群也调到斯卡多夫斯克。艇员们开始在敖德萨和奥恰科夫海域展开积极的战斗活动，后来又到阿克梅切季和叶夫帕托里亚等海域及罗马尼亚的沿岸海区活动。

鱼雷艇第一支队的16艘鱼雷艇也在这时转移到设在阿纳帕的机动基地。鱼雷艇从这里沿着克里木南岸破坏德军的海上交通线。配置在波季，奥切姆奇雷和图阿普谢的潜艇支队也积极地行动起来。

库兹涅佐夫布置在黑海海域的海军机动部队为打击德军海上运输和供给，解放敖德萨，保障陆军实施敖德萨战役提供了坚强的支撑。

3月26日，由乌克兰第三方面军实施的解放敖德萨的战役，在马利诺夫斯基大将的指挥下正式开始。

当天凌晨，首先由科塔诺夫少校指挥的海军陆战营派出55名海军战士和12名陆军战士在尼古拉耶夫登陆。这支登陆分队由奥利尚斯基海军上尉指挥。他们乘坐7艘划桨渔船于夜间离开十月村，迎着强风激流沿着南布格河航行了15公里来到尼古拉耶夫城郊，于3月26日拂晓时隐蔽地在粮仓区登陆。

早晨8时，德军发现他们。10时，德军开始对登陆兵发起攻击。为了对付这67名战士，德军投入了3个步兵营、4辆坦克、4门火炮、2门六管火箭炮和几个喷火器。

在战斗中，德军除了开枪开炮，坦克冲锋外，还不断地向苏军投掷毒烟罐。在两昼夜的时间内，苏军登陆兵击退了德军18次猛烈的冲击，消灭了约700名法西斯士兵、2辆坦克和所有的4门火炮。

战斗将近结束时，苏军战士只剩下12人，他们中间有的遍体鳞伤、有的通身被烧伤，但没有一个人退缩，一直到援军来到，他们仍在坚持战斗。

3月28日，乌克兰第三方面军的部队，包括科塔诺夫少校领导的海军陆战

营，突破敌军的防御，占领了尼古拉耶夫。

在这段时间，黑海舰队积极破坏德军海上交通线，中断德军的运输，舰队航空兵还轰炸了罗马尼亚港口康斯坦萨和苏利纳，消灭了德军的运输船和战斗舰艇。

尼古拉耶夫城解放以后，乌克兰第三方面军强渡南布格河，在奥恰科夫的接近地开始战斗。3月31日，海军陆战队员乘坐舢板和登陆艇从金布恩沙咀出发，到奥恰科夫灯塔附近登陆，然后故意弄出很大的动静吸引德军的注意力。德军发现灯塔附近有苏军登陆，立即向灯塔方向调去了大量兵力。

苏军利用这个时机，开始猛攻城市，于3月31日解放了奥恰科夫。在尼古拉耶夫和奥恰科夫登陆的人数不多，但他们的行动扰乱了德军的防御计划，为苏军其他部队攻城创造了有利条件。

4月10日晨，乌克兰第三方面军从东、北、西三个方向实施突击，解放了

苏军在战场上（二战模拟场景）

敖德萨。在这次战役中，海军在翼侧支援陆军作战。参加战斗的虽然只有黑海舰队的部分兵力，但其作战结果却使德军在海上遭到了相当大的损失。据苏、德双方文件所证实的数字是：在黑海西北部，苏军击沉德国运输船6艘，击伤驱逐舰和艇只各1艘。

敖德萨解放后，莫斯科用324门火炮以24次齐射鸣放礼炮。黑海舰队分舰队也向敖德萨的解放者们致以军礼。

4月11日，大本营批准了关于下达解放克里木任务的训令。最高统帅部大本营给黑海舰队下达的任务如下：

1.系统地破坏敌人在黑海的交通线，但在最近期间，主要任务是破坏沟通克里木的交通线。为破坏交通线，应使用潜艇，轰炸航空兵和水鱼雷航空兵，而破坏近岸交通线，则使用轰炸—强

苏军在战场上（二战模拟场景）

击航空兵和鱼雷艇。

　　2.作好由一个营至一个步兵团的兵力在敌军后方实施战术登陆的准备。

　　3.保卫沿岸地带和集团军的濒海翼侧，当集团军翼侧的部队向前推进时，用海岸炮的火力和小型舰艇的舰炮火力支援他们。

　　4.逐渐扩大和巩固舰队在黑海的作战海域。其方法是消灭水雷场、开辟自己的航道和机动水域并保持它们使不受水雷威胁。

　　5.保障自己的交通线不受敌方的打击，尤其是要组织可靠的对潜防御。

　　6.通过系统扫雷首先保障能沿航道航行，然后转入对布雷区的全面扫雷。

　　7.大型水面军舰要认真作好准备，待情况变化时按大本营的指示实施海上战役。

　　8.作好舰队向塞瓦斯托波尔转移和组织克里木防御的准备工作。

　　9.作好组建多瑙河区舰队及转移其驻泊地点的准备工作。

　　这个训令是以库兹涅佐夫的海军总司令部提出的建议为基础的。最高统帅审查训令时，曾邀请库兹涅佐夫到大本营。斯大林详细询问了各舰队的舰艇编成，对海军的部署表示满意。

　　潜艇支队也受领了重要任务。库兹涅佐夫发布的命令指出："协同航空兵消灭黑海西北部交通线上的敌方运输船和浮动工具。"

　　克里木会战是在4月8日早晨由乌克兰第四方面军的进攻开始的。数千门火炮、迫击炮和数百架轰炸机用2.5小时摧毁了德军在彼列科普地峡和锡瓦什南岸的防御。在炮兵射击之后，步兵和坦克在所有方向上同时发起冲击，又继续消灭第一线堑壕的德军。德军拼命抵抗，但不能阻挡苏军前进的洪流。而到4月10日，德军从彼列科普地峡的退却变成了混乱的逃窜。

与此同时，库兹涅佐夫也命令海军独立滨海集团军和黑海舰队展开进攻。海军航空兵的650架作战飞机中，参加此次克里木战役的就有400多架。它们在塞瓦斯托波尔附近和苏利纳水道布设了水雷，突击了德军的海上运输船以及在塞瓦斯托波尔、费奥多西亚、基克阿特拉马和苏达克等港口内的运输船，轰炸了阿尔米扬斯克、伊顺和刻赤等地区集结的军队。

对德军舰船的突击，苏军使用了各种类型的飞机，而且广泛运用了所谓俯冲平桅轰炸的新方法。这种方法的特点是准确性高，对于通常以低速航行的护航运输队的威胁尤其大。

平桅轰炸的效果大约是通常的水平轰炸的5倍。法西斯分子开始遭受巨大的损失，迫使他们加强护航运输队的空中掩护。大海的上空不断发生激烈的空战，而空战的结局往往决定着运输船的命运。在这些空中格斗中，法西斯分子损失了80多架飞机。而沉入海底的船只有68艘，其中42艘是运输船、登陆驳船、拖船和扫雷舰艇。许多法西斯船只被击伤。

苏军的潜艇也发挥了巨大的作用。潜艇艇员根据空中侦察转来的关于德军舰船运动的情报，打击德军水上兵力。

为了对付苏军的潜艇，德军使用了一切可能用的反潜兵器。在黑海上，仅仅在克里木战役这段时间内，德军就向苏方潜艇投掷了1500多枚深水炸弹。但苏军的潜艇仍不断出动到罗马尼亚和保加利亚的海岸附近。战果特别显著的有马特维耶夫海军大尉指挥的"A-5"潜艇的艇员们，他们击沉了德军"杜罗斯塔尔"号运输船和"瑟菲尔德"号斯库纳型帆船；还有帕拉莫什金海军少校指挥的"Ⅲ-201"潜艇艇员仅仅在一次出航中就击沉了"盖泽里赫"号运输船和1艘扫雷舰，并击伤1艘登陆驳船。

鱼雷艇也积极作战。它们一般在夜间出海。第一，在夜间暗中敌方航空兵的威胁较小；第二，夜间更易于对敌船设置埋伏和陷阱。

在克里木战役期间，鱼雷艇击沉了几艘自行驳船和干货驳船，击伤了3艘护卫艇，1艘登陆驳船和1艘猎潜艇。

由于黑海舰队各种兵力的突击，德军的损失是相当巨大的，这一点甚至

连德国的原海军将领鲁格也承认："后撤时被击沉了50艘船只，其中很多小船，一部分是在塞瓦斯托波尔要塞中击沉的，大多数是由于遭到空袭被击沉的。'托蒂拉'号和'泰雅'号轮船的沉没损失尤为惨重。"

事实上，苏军消灭了德军78艘战斗舰艇和运输船只。而被击沉的"托蒂拉"号和"泰雅"号运输船上装有4000多名德军官兵。

进攻不断发展。4月13日，苏军解放叶夫帕托里亚，一天以后，解放阿克梅切季和萨基，15日，部队抵达塞瓦斯托波尔筑垒地域的外围。在东面，独立滨海集团军的兵团到这时已占领苏达克和乌斯库特，把后撤的德军紧紧逼到阿卢什塔，后来也前出到塞瓦斯托波尔筑垒地域的外围。

根据苏军指挥部的计划，对塞瓦斯托波尔要塞从北、东、东南三个方向同时实施突击。主要突击在东方的萨哈尔纳亚戈洛夫卡一因克尔曼和东南方的巴拉克拉瓦高地一萨蓬山。以第五十一集团军左翼和4月18日编入乌克兰第四方面军的滨海集团军实施主要突击。近卫第二集团军实施辅助突击，以牵制主要突击方向上的德军兵力。黑海舰队负责从海上和空中缩紧封锁圈。

在攻城准备阶段，所有部队都建立了强击群。优秀军人和党团员接受了光荣的任务，即把红旗插上塞瓦斯托波尔各制高点和市内行政机关大楼。在强攻塞瓦斯托波尔开始前6昼夜内，远程航空兵和空军第八集团军进行了预先航空火力准备。

5月5日，近卫第二集团军转入进攻。德军以为这里实施的是主要突击，便向此地段增调军队。5月7日，苏军在主要方向上经一个半小时的炮火准备和航空火力准备之后转入进攻，突破德军防御。

苏军从北、东和东南三面实施协调一致的突击，粉碎了德军，被击溃的德第十七集团军残部向赫尔松涅斯角退却。为了追击德军，坦克第十九军向屏护赫尔松涅斯角的德军最后防御地区疾进。5月12日，粉碎了克里木陆上德军，在赫尔松涅斯角俘德军2.1万人，缴获大量技术装备和武器。

克里木战役结束后，库兹涅佐夫来到黑海，检阅了在此次战役浴血奋战的海军舰队。在战争爆发的两年半中，苏联海军又重新建立亚速海、奥涅加

等7个区舰队。海军航空兵也做了改编：取消混编航空兵旅，组建歼击航空兵师、轰炸航空兵师、强击航空兵师和水（鱼）雷航空兵师。

库兹涅佐夫登上检阅舰，看着眼前一排排舰艇、水上飞机和海军官兵，感慨万端。两年多前，被法西斯军队声称已经消灭了的苏军海军，现在竟然成长为一支强大的，令纳粹军队望而生畏的国防力量。

1945年，德国法西斯败局已定。2月，苏美英三国首脑在黑海北岸的雅尔塔举行会议。库兹涅佐夫海军上将参加这次会议。

从雅尔塔回到莫斯科，库兹涅佐夫得到通知：从2月2日起，库兹涅佐夫和华西列夫斯基元帅、安东诺夫大将一起成为最高统帅部大本营成员。5月8日德国投降。库兹涅佐夫被授予"苏联英雄"称号和列宁勋章、金星奖章。

英雄赞歌

第 二 次 世 界 大 战 著 名 英 雄

科涅夫

　　伊万·斯捷潘诺维奇·科涅夫，苏联元帅，军事统帅、军事家。他擅长步炮协同作战，能把强大的炮兵火力和步兵高速度下出其不意的进攻完美无缺地结合起来。1943年后，指挥或参与指挥的库尔斯克会战、哈尔科夫战役、第聂伯河会战、基洛夫格勒战役以及布拉格战役等一系列经典的攻击战使他成为苏联最卓越的军事领袖之一。

参加卫国战争
成长为高级将领

1897年12月28日，伊万·斯捷潘诺维奇·科涅夫出生于俄罗斯基辅区洛杰伊诺村一个贫困的农民家庭，小时接受过基础教育。1916年，他应征加入俄国军队，在西南战线的一个炮兵师里当士官。

1917年十月革命后，俄国军队被解散，科涅夫复员回乡，在家乡参加地方苏维埃，并在1918年年初加入俄国共产党（布尔什维克），担任当地工农"战斗支队"的政委。时值苏联内战烽火连天，他向军区政委伏龙芝主动请缨，率领他的工农支队开赴东线作战，被任命为第一〇二装甲列车的政委，率领装甲列车执行在敌后骚扰作战的任务。后来又先后担任旅政委和师政委。

1922年，他担任远东共和国人民革命军司令部政委，在一代名将伊耶罗尼姆·彼得罗维奇·乌博列维奇指挥下对盘踞远东的日军作战，将其最后赶出苏联领土。

内战结束后，科涅夫先在东部担任一个海岸步兵军的政委，后因红军大规模缩编，他调任莫斯科军区一个步兵师的政委。这期间，他与莫斯科军区司令员伏罗希洛夫有过多次工作接触。伏罗希洛夫对这位年轻师政委的精明干练留下深刻印象。

1925年10月，伏罗希洛夫接替逝世的米哈伊尔·瓦西里耶维奇·伏龙芝，担任苏联革命军事委员会主席和陆海军人民委员。不久后的一次军事工作人员会议上，科涅夫就加强部队纪律和秩序，以及提高战备发表了大胆而有原则性的讲话，使与会者深受触动。

伏罗希洛夫称赞他说："您是一位有战斗能力的军事委员！"并建议他改任军事指挥员。在这位陆海军人民委员的关心下，科涅夫在1926年进了红军军事学院的高级指挥人员进修班，开始了从一位政工干部向红军指挥员的转变。1927年学习期满后，他回到原来所在师，当时图哈切夫斯基对他这种政工改行当军官的看不上眼，把他降级当了步兵团团长，5年后才升任师长。

科涅夫并不满足于在进修班

科涅夫元帅

所学到的知识，他向上级申请进红军最高军事学府——伏龙芝军事学院深造。这次，他又得到国防人民委员伏罗希洛夫的帮助，后者下令让他离职进入伏龙芝军事学院学习。

科涅夫在伏龙芝军事学院以优异成绩毕业，学院对他的评语是能胜任军级指挥。从学院毕业后，他历任师长、军长、集团军司令等一系列职务。

在科涅夫成长为一位杰出统帅的过程中，还有一个人起了非常重要作用，这就是苏军的杰出将领乌博列维奇。

这位天才的苏维埃统帅特别重视对指挥干部的培养。在他的关怀下成长起来的红军指挥员们，许多人日后在卫国战争中脱颖而出，成为闻名于世的军事统帅，朱可夫和科涅夫都是其中的佼佼者。

1939年，科涅夫在联共（布）十八大上成为候补中央委员。1940年，他晋升为中将，被任命为外贝加尔军区司令员，成为红军的高级将领。1941年1月，他又被任命为外高加索军区司令员。

苏德战争爆发后，科涅夫作为第十九集团军司令率军在西部方向作战。

战争初期，西部方向是德军的主要进攻方向，德军中最为强大的"中央"集团军群来势凶猛，在明斯克围歼了苏军西部军区的主力，直扑莫斯科的最后屏障斯摩棱斯克。

科涅夫在这危急时刻，从容镇定，首次显示出他出众的指挥才能。他一面指挥部队顽强固守，阻住了当面德军的进攻；一面向德军发起反攻，有力地钳制住了德军"中央"集团军群的突击尖刀——第三坦克集群。

由于他在1941年年初德国猛烈进攻中顽强反击、寸土必争，丢失地盘较少，被称做"永不后退的将军"，很快引起了苏军最高统帅部的重视。当西部军区司令员巴甫洛夫和几位集团军司令员因为部队的惨败而被送上法庭审判时，科涅夫却得到晋升，在9月11日擢升为上将，次日接替去西南方向救火的铁木辛哥元帅为西方方面军司令员，接过了防守莫斯科方向的重任。

科涅夫的西方方面军共有6个集团军、480辆坦克，实力在当时仅次于苏军西南方面军。9月份，由于德军"中央"集团军群的装甲主力之一——海因茨·威廉·古德里安的第二坦克集群被调往南方包抄苏军西南方面军，中央战场出现短暂平静。但随着苏军西南方面军在基辅战役中被围歼，德军大量兵力开始向中央战场集中，准备发动对莫斯科的攻势。

德军投入中央方向的有第二、第三和第四坦克集群和第二、第四和第九野战集团军，占当时苏德战场德军总兵力的一半和装甲兵力的四分之三，共有180余万人、1700辆坦克、1390架飞机、1.4万门火炮和迫击炮。

他们当面的苏军西方方面军、预备队方面军和布良斯克方面军，共有125万人、995辆坦克、677架飞机、6808门火炮和迫击炮。苏军非但在兵力兵器上居劣势，更重要的是在战役态势上部署不当。

苏军在战前强调进攻战略，对防御研究不够，尤其对如何抗击德军坦克集群的强大突击缺少对策。包括科涅夫在内的几位方面军司令员，都没有将主力部署在纵深，而是呈前沿一线部署，这就使苏军的防御纵深过浅，容易被德军的装甲利刃所穿透。

同时，他们错误地估计了德军可能发动进攻的方向，将重兵部署在西

面。结果，9月底震惊世界的莫斯科会战开始后，德军的坦克重兵集团出乎科涅夫等人的预料，不是从西面，而是从南北方向实施主要突击，迅速突破了当面薄弱的苏军防线。

德军强大的坦克兵团已经向西方方面军司令部所在地的维亚济马城进逼，很快就要推进到西方方面军后方，科涅夫用高频电话向斯大林报告了这一情况，说明西方方面军主力被包围的危险已经出现，但斯大林当天没有作任何指示，而科涅夫也缺乏甘冒风险下令部队后撤的临机决断勇气。

德军第三、第四坦克集群在维亚济马会师，将西方方面军和预备队方面军主力团团围住。南面的布良斯克方面军主力也被德军包围。这场史称的维亚济马—布良斯克包围战，是卫国战争中苏军的最大悲剧之一，苏军3个方面军共有8个集团军被德军合围。德军宣称在维亚济马和布良斯克两大包围圈内共俘获苏军67万3千人。

战役失败，伏罗希洛夫元帅一气之下，准备将科涅夫送上军事法庭。朱可夫来到西方方面军司令部，亲自打电话向斯大林说，采取这种极端手段无助于挽救局势，他在白俄罗斯军区工作时了解科涅夫，此人聪明能干，是块当方面军司令员的料，建议留下科涅夫给自己当副手。斯大林对此表示同意。

大战之前，当是用人之际。莫斯科最高统帅部让科涅夫任朱可夫的副职只有一两天，就派科涅夫到加里宁去指挥方面军的右翼部队。科涅夫指挥这支远离主力的部队，顽强抗击德军的进攻，显示出他干练的指挥才能，重新赢得了最高统帅部的信任。鉴于西方方面军正面区域过于宽广，不利于防守。苏联最高统帅部决定科涅夫指挥的3个集团军组成加里宁方面军，任命他为司令员。

由于科涅夫指挥得当，多次击溃正面进攻的德军主力，大大缓解了首都莫斯科的来犯之敌。1941年12月初，苏军对莫斯科城下德军的反攻开始后，科涅夫指挥加里宁方面军首先出击，第一天就突破了德军阵地前沿，随后朱可夫的西方方面军也转入进攻，击溃了不可一世的德军，这是德军自二战开

始以来的首次大败。

德军"中央"集团军群退却150公里。显然这场决定生死的战役既救了苏联，也救了背负罪名的科涅夫。科涅夫抖擞精神，轻装上阵。

随之而来的是残酷的拉锯战，战役的规模也越来越大。1942年夏季，德军在南方重新发起进攻，一路势如破竹，直逼斯大林格勒城下。斯大林紧急将朱可夫召回莫斯科，任命他为副最高统帅去应付南线的危急形势。朱可夫推荐科涅夫接替他的西方方面军司令员一职。科涅夫在重掌西方方面军后，指挥部队在阴雨连绵中继续对中央战场的德军猛攻，使之陷入无尽苦战之中，无法抽调大军去增援斯大林格勒。但是，苏军在连续强攻德军的坚固防线中，也遭到了很大伤亡，这给方面军司令部招来了批评。1943年3月，科涅夫被调任西北方面军司令，不久又出任新建立的草原方面军司令。

这以前，他统率的部队主要是步兵，而这一次，他手中首次握有了强大的装甲机械化部队。草原方面军除4个步兵集团军外，还有罗特米斯特罗夫将军的近卫第五坦克集团军，这是一支令德军闻风丧胆的钢铁雄师，在斯大林格勒之战中建立了殊勋。而且这一调动使他从中央战场转到了南方战场。莫斯科战役之后，苏德战局重心已经移到南线，双方在此集结重兵展开主力决战，这就使科涅夫有了建立功勋的机会。

激战库尔斯克
上演坦克大战

　　1943年年初，苏联红军在斯大林格勒战役中取得了决定性胜利后，乘胜进攻，收复了大量失地。但德军"南方"集团军群司令曼施坦因在溃败的同时，也开始计划向苏联红军反扑。他主动放弃了一些重要据点，诱使苏联红军深入，苏联红军在不断进攻中，战线越拉越长，而德军却趁机完成了兵力的集结。

　　曼施坦因指挥刚组建的"南方"集团军群向顿涅茨河和第聂伯河之间的苏联西南方面军发起反击，西南方面军遭到了重创，其第五集团军遭到了毁灭。德军又向哈尔科夫进攻，苏联红军被迫放弃一个月前刚刚攻占的哈尔科夫，后撤至库尔斯克南面的奥博扬地区，为防止战线的彻底崩溃，苏最高统帅部把第一坦克集团军从列宁格勒南调，并把第二十一和第六十四集团军也从斯大林格勒调至这些方向，此后，战线趋于稳定。

　　曼施坦因的这次反击造成的一个后果就是以库尔斯克为中心的突出部的形成。在其北部，德国"中央"集团军群控制了奥廖尔一带。在其南面，曼施坦因的"南方"集团军群控制了别尔哥罗德地区。在突出部内的是苏联中央方面军和沃罗涅日方面军。苏德双方在此形成僵持。

　　德国统帅部认为，向西远远伸出的库尔斯克突出部，为德军合围并尔后消灭苏军中央方面军和沃罗涅日方面军部队创造了条件。为此，德军打算对苏西南方面军后方实施突击，即实施代号为"豹"的战役。

　　希特勒在库尔斯克附近集结了50个最有战斗力的师，其中包括16个坦克师和摩托化师。包括"虎"式和"豹"式坦克、"费迪南德"式自行火炮、

"海因克尔129"式和"福克—乌尔夫190A"式飞机等德国最先进的武器装备。

1943年4月15日，希特勒签署的第六号命令十分详细地阐述了德军在库尔斯克地区进攻的企图。按照这一命令，进攻的任务是，采取旨在合围苏军各方面军的"向心进攻"，消灭库尔斯克以西地域内的苏军部队。一次突击拟由"中央"集团军群基本兵力从奥廖尔以南地域实施，而另一次突击则由"南方"集团军群主力从哈尔科夫以北地域实施。

苏联最高统帅部及时识破了德军的企图、基本突击方向和转入进攻的日期。从对当前形势的分析和德军准备对库尔斯克发动进攻的侦察情报得出结论：在战局的第一阶段，在库尔斯克方向上实施战略防御对我们较为有利。

苏联最高统帅部大本营当时注意到，德军由于没有预备队，只能在一个

▼ 战场上的坦克与战机（二战模拟场景）

战略方向上实施进攻，并为此建立了足够强大的突击集团。在防御交战中消耗德军的兵力，消灭其坦克，然后投入新锐预备队，实施歼灭性突击，从而粉碎德军基本集团将是适宜的。

在库尔斯克会战之前，科涅夫被召到大本营。最高统帅斯大林当着朱可夫和国防委员会委员们的面说道：

"科涅夫同志，看来，德军将建立非常强大的集团，以切断库尔斯克突出部。您的方面军配置在中央方面军和沃罗涅日方面军之后，应作好准备，如果德军突破得逞，就打退其突击，不让德军在奥廖尔方向上或别尔哥罗德方向上向东部方向发展突破。因此，方面军占领的地带应构筑良好的防御工事，而在后方，沃罗涅日河和顿河沿岸，则应构筑国家防御地区。"

按照斯大林的指示，科涅夫的草原方面军在准备面临的进攻战斗时，也完善了防御准备，构筑了国家防御地区。当时，协助军队构筑防御工事的是成千上万的苏联妇女和半大孩子，他们挖掘掩体，设置反坦克障碍物，修筑道路、桥梁，为阻挡德军的机械化进攻起到了十分重大的作用。

在库尔斯克会战开始之前，苏军各兵团还补充了人员和战斗技术装备，储备了弹药、燃料、工程器材。

为狠狠回击德军，苏军进行了3个月的准备。无论是白天，还是夜晚，都没有间断。战斗开始前，所有部队，其中包括预备队，都隐蔽到了战壕之中，战斗技术装备也隐蔽起来了。根据在战争进程中得到发展的军事学术规则，建立了军队集团，组织了火力配系，特别是反坦克火力配系，组织了村庄、小镇和城市的环形防御。

防御交战开始前，中央方面军和沃罗涅日方面军共有2万门火炮和迫击炮，3600辆坦克和自行火炮，2370架飞机。苏军的人数是德军的1.4倍，火炮和迫击炮是德军的2倍，坦克和自行火炮是德军的1.3倍。

7月4日夜间，苏军侦察员抓到几名德军俘虏，俘虏们证实，库尔斯克会战的进攻定于7月5日3时开始。为了打乱德军进攻步骤，苏军副统帅朱可夫于5日2时20分下达向德军阵地实施炮火反准备的命令，库尔斯克会战的序幕由

此拉开。

苏联红军的炮击完全出乎德军的意料，给其造成很大损失。虽然比原计划推迟了3个小时，但德"南方"集团军群的第四装甲集团军仍根据预定计划发动进攻。7月5日早晨，大批德军在飞机和坦克的配合下开始进攻，但遭到苏联红军的顽强阻击，德军损失惨重，只好转入防御。

7月5日晚，苏中央方面军指挥部作出决定，第二天早晨对在奥廖尔—库尔斯克铁路以西向奥利霍瓦特卡进攻之希特勒军队主要集团实施反突击。为此，科涅夫又调来3个坦克军和2个步兵军。此次反突击对于粉碎德军继续发展进攻的企图起了促进作用。方面军指挥部赢得了一昼夜的时间，并利用这些时间变更部署，调集兵力兵器。

7月6日日终时分，向奥博扬实施进攻的德军坦克军在狭窄的地段上越过了苏军主要防御地带，但此后的推进被阻。在科罗恰方向上，进攻的第二天日终时分，法西斯军队占领了北顿涅茨河东岸的一个登陆场，并在狭窄的正面地段上前出到舒米洛夫将军指挥的近卫第七集团军第二防御地带。

德军继续向前推进。7月9日，德军在奥博扬方向10公里的地段上集中了500辆坦克，进行打开苏军防御缺口的绝望尝试。尽管沃罗涅日方面军司令员往那儿调去了自己的预备队，派去了航空兵基本兵力，但在日终时分德军还是楔入苏军防御纵深达35公里。德军坦克第四集团军扑向普罗霍罗夫卡，该集团军在主突方向上拥有700辆坦克和强击炮。

在这种紧张的形势下，苏联最高统帅部大本营决定将草原方面军的近卫坦克第五集团军和近卫第五集团军转隶沃罗涅日方面军，用于预定的反突击。为了更快更好地执行大本营的命令，科涅夫飞往被转隶的集团军指挥所，以便亲自向集团军司令员下达命令，并监督及时地将两集团军调至出发地域。

草原方面军分散地沿预先构筑的道路向沃罗涅日方面军预定地域运动。科涅夫乘飞机从空中监督行军。两个集团军及时前出到指定地域并做好了充分的战斗准备。

7月9日，科涅夫又接到将已调往库尔斯克地域的第二十七集团军调至别尔哥罗德—库尔斯克方向的号令。

7月12日凌晨2时许，苏联最高统帅部大本营第一副总参谋长安东诺夫在电话中通知科涅夫，在别尔哥罗德方向上，德军以200辆坦克的兵力向第六十九集团军进逼，向科罗恰方向实施进攻，7月11日日终时分已前出到基谢列沃、马济基诺、舍伊纳地域。

大本营命令：

以雷若夫少将的第四十七集团军和奥布霍夫少将的近卫机械化第三军从东南，索洛马京中将的机械化第一军从北面实施联合突击，消灭向科罗恰方向尔后向奥斯科尔河前出之敌军集团。为此：

1.雷若夫和奥布霍夫于7月13日日终前在新奥斯科尔、大米哈伊洛夫卡、锡多罗夫卡、布拉诺夫卡、斯洛诺夫卡地域集结；

2.索洛马京于7月13日早晨前自索尔恩采沃地域前出至维亚佐沃耶、斯科罗德诺耶、博布罗沃—德沃尔斯科耶地域。

苏军近卫第五集团军和近卫坦克第五集团军受命在预定地点集结展开后，沃罗涅日方面军司令员尼古拉·费多罗维奇·瓦图京决定以这两个装备优良、补充完备的集团军以及方面军现有的部队在普罗霍罗夫卡实施反突击。

于是，在普罗霍罗夫卡地域展开了20世纪最大规模的坦克战，双方共投入了超过250万名士兵和6000多辆坦克，激烈的厮杀一直持续到夜晚。第二天，德军仍然顽强地继续他们的攻势，瓦图京指挥部队继续在正面抵挡德军向奥博扬推进，同时在两翼连续发动反击，虽然这些反击一次又一次的遭到失利，但却使德军无法全力以赴的攻击他们的主要目标。

德第四装甲集团军司令霍斯将军见无法从正面突破奥博扬，便决定先

从右翼突破，他命令第二党卫装甲军转向东北的普罗霍罗夫卡。接下来的两天，德军的进攻还比较顺利，他们攻到了普罗霍罗夫卡城下，库尔斯克会战的高潮上演了。

猛烈的坦克炮和自行火炮的轰击使普罗霍罗夫卡变成了一个震耳欲聋的火场，天空不时俯冲的飞机落下的炸弹更使这块土地变得浓烟滚滚。

7月12日，苏军的强大反突击，使德军的所有进攻企图化为泡影。疯狂扑向库尔斯克的德军突击集团已经精疲力竭，一蹶不振。

根据苏联最高统帅部大本营的命令，布良斯克方面军和西方方面军转入进攻，而中央方面军于15日开始进攻。由于苏军在库尔斯克突出部南正面的进攻，德军损失惨重，指挥部开始撤退。

7月18日，沃罗涅日方面军和投入交战的草原方面军部队转入追击并于7月23日日终前恢复了防御交战开始前的态势。德军在东线的第三次夏季进攻破产了。

在库尔斯克北部，当德军的攻势在7月10日被阻止后，苏军决定于12日发动奥廖尔战役，并以打败拿破仑入侵的俄国元帅"库图佐夫"的名字作为此次战役的代号。

12日凌晨，苏军向奥廖尔突出部的德军阵地实施了长达两个多小时的炮击，随后索科罗夫斯基上将的西方方面军和波波夫上将布良斯克方面军的一线部队开始进攻。德军则进行着顽固的抵抗，给苏军造成部分伤亡。

15日，罗科索夫斯基大将指挥苏中央方面军的第七十、第十三和第四十八集团军也加入攻击。　此时苏联空军完全控制了制空权，法国"诺曼底"航空大队也在库尔斯克上空与苏联空军并肩作战。

面对坦克和兵力都占优势的苏军，德军第九集团军司令莫德尔无力阻止其进攻，他意识到失去奥廖尔只是时间问题。7月16日，莫德尔向希特勒请求放弃奥廖尔将德军后撤至"哈根"防线，但被希特勒否决。

到了7月25日，墨索里尼下台，意大利退出战争的迹象已经十分明显，希特勒需要从东线抽调兵力去意大利，而奥廖尔突出部的德军也面临被苏军合

第 二 次
世界大战
著名英雄

围的危险。在莫德尔和克鲁格再一次请求后撤后，希特勒最终同意弃守奥廖尔，并调第二党卫装甲军去稳定意大利的局势。

7月31日，德军向布良斯克方向的"哈根"防线撤退，撤退途中，德军实行了残酷的焦土政策。8月5日，苏军攻克了奥廖尔，并继续追击退却中的德军，10日解放了霍特涅茨，15日进入卡拉切夫，至16日苏军的进攻基本结束，战线逐步稳定了下来。

在奥廖尔战役中，苏军歼敌20万人，坦克1044辆，火炮2402门，并向西推进了150公里，拉平了库尔斯克防线，但却未能完成战前制订的合围并歼灭德"中央"集团军群的计划。

战场上的德军（二战模拟场景）

在南线，当德军和苏联红军脱离接触时，斯大林便要求苏联红军立刻发动哈尔科夫战役，这次作战的代号以七年战争中俄国名将"鲁缅采夫"的名字命名。担当此次进攻任务的是沃罗涅日方面军和草原方面军，总兵力为90万人和2800多辆坦克和自行火炮。

为了防御别尔哥罗德—哈尔科夫战略基地，德军驻扎有14个步兵师和4个坦克师的重兵集团。此外，在交战过程中，德军还向这一方向调来5个坦克师和摩托化师，4个步兵师。

德军防御的战役地幅由全纵深达18公里的主要地带和第二地带组成。同时，在纵深为6~8公里的主要防御地带另设两个阵地，每一阵地都构筑有支撑点和抵抗枢纽部，互相之间由全断面堑壕连接，堑壕又由交通壕连接。其支撑点中有大量的土木发射点。第二地带由一个纵深为2~3公里的阵地组成。主要地带和第二地带之间是一个中间阵地。

除此而外，德军在各居民地还构筑了环形防御阵地，哈尔科夫周围构筑了两道围廓。别尔哥罗德也守卫森严，构筑有许多防御工事，具有许多发射点的支撑点、数道带刺铁丝，并有大量雷场。

德国人认为别尔哥罗德—哈尔科夫战略基地具有重要的战略意义，这并非偶然。这一基地是德军在东方最强大的防御棱堡，是阻止苏军通向乌克兰道路上的大门。在这一基地范围内，坐落着苏联最重要的经济和政治中心之一、乌克兰的第二首都哈尔科夫，还有别尔哥罗德、苏梅、阿赫特尔卡、列别金、博戈杜霍夫、丘古耶夫和其他城市。

哈尔科夫在德军防御中占有特殊的地位，它被希特勒称为"东大门"。因为哈尔科夫是自莫斯科至顿巴斯、克里木、高加索各条道路上最大的铁路枢纽，是最重要的公路枢纽和航空枢纽，是机器制造、金属加工、化学工业、轻工业和食品工业城市。希特勒因而要求他的将军们不惜一切代价守住该城。

8月3日拂晓，苏军别尔哥罗德—哈尔科夫方向的反攻以强大的炮火准备和航空兵火力准备开始。火炮密度达每公里正面230门。据后来的俘虏供认，

苏军的火力突击使不少死里逃生的士兵吓得神经失常。上午，沃罗涅日方面军和草原方面军诸兵种合成集团军各兵团楔入德军防御纵深5～6公里。不久，苏军近卫坦克第一和第五集团军进入突破口，其任务是以先头旅突破德军防御战术地幅，以基本兵力在战术纵深发展胜利。

突破德军防御之后，苏军草原方面军司令员科涅夫让马纳加罗夫将军的第五十三集团军右翼和在该集团军地带内作战的索洛马京机械化第一军各兵团进至德军向西的退路。正面突击由克留琴金将军的第六十九集团军实施，而舒米洛夫将军指挥的近卫第七集团军在强渡北顿涅茨河后，从东攻击德军的守备部队。

这样一来，进攻前德军的防御前沿得到了仔细清理，所有火力配系均被压制。在清理德军前沿时，各师、团的炮兵和统帅部预备队各炮兵师起了重要作用。他们以密集地、猛烈地炮火摧毁德军的大部分阵地。尽管如此，8月4日德军的抵抗仍然非常顽强。

8月4日，草原方面军第五十三和第六十九集团军经过激战，突破了从北面掩护别尔哥罗德的德军第二和第三防御地区。

编有8个步兵师的近卫第七集团军及其配属的许多坦克团、旅和炮兵团、旅，楔入德军防御，从东面进攻别尔哥罗德。该集团军拔除了北顿涅茨河东岸米哈伊洛夫登陆场后，各兵团已在西岸开始了战斗。

德军统帅部开始惶恐不安。8月4日，坦克第三军和党卫军坦克军开始从顿巴斯向哈尔科夫方向开进。这两个军的指挥机关已在哈尔科夫。

科涅夫要求第五十三集团军及其配属的机械化第一军击溃德军坦克第六师各部队，并向米高扬诺夫卡发展进攻。机械化第一军从集团军右翼前出到格里亚兹诺耶、列普诺耶地域，切断德军集团向西南和向南的退路。第六十九集团军则在近卫第七集团军的支援下攻占别尔哥罗德，而近卫第七集团军则应突破德军防御并前出至塔夫罗沃、布罗顿地区，以便协同第六十九和第五十三集团军合围德军别尔哥罗德集团。

夺城战斗十分激烈。8月5日早上6时，近卫步兵第八十九师近卫步兵第

二七〇团各分队，以及分别由瓦西里耶夫上校和戈沃鲁年科上校指挥的步兵第三〇五和第三七五师各部队，最先冲入别尔哥罗德。近卫第七集团军近卫步兵第九十三师和步兵第———师从东面攻打该城。

8月5日，草原方面军第六十九集团军部队和近卫第七集团军各兵团攻占了别尔哥罗德。同日，经过激战解放了奥廖尔。莫斯科第一次用礼炮来庆祝这一辉煌的胜利。从此，在莫斯科用礼炮庆祝红军胜利成了光荣传统。

与此同时，具有高度机动能力的苏军各坦克集团军，在脱离诸兵种合成集团军基本兵力的情况下顺利作战。卡图科夫将军指挥的坦克第一集团军各兵团，5天内向德军防御纵深推进100多公里，并于8月7日日终前攻占了博戈

🔻 苏德战场（油画）

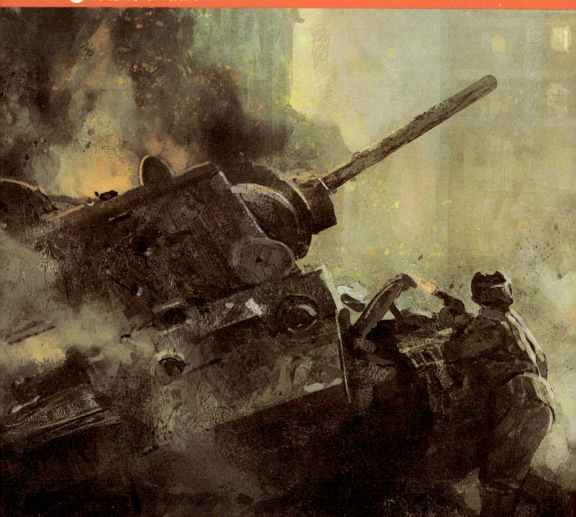

杜霍夫，近卫坦克第五集团军夺取了哥萨克的洛潘和佐洛切夫。德军别尔哥罗德—哈尔科夫集团被分割成两部分。

苏军的进攻继续迅猛发展。到8月11日，沃罗涅日方面军部队大大地向西和西南方向扩大了突破口，进抵博罗姆拉、阿赫特尔卡和科捷利瓦，切断了哈尔科夫—波尔塔瓦铁路，而草原方面军部队战胜了德军坦克集团的激烈抵抗后，进抵哈尔科夫防御线的外廓。

为了防守哈尔科夫，德军统帅部集结了编有8个步兵师、2个坦克师、若干炮兵部队、许多党卫军支队、警察支队和其他分队的强大集团，这些部队采取纵深梯次配置的方式，并基本上集中在防御外廓的北正面和东正面。希特勒命令不惜任何代价守住哈尔科夫，并要求他的将军们严厉镇压那些表现怯懦和不愿打仗的士兵。他警告曼施坦因说，丢失哈尔科夫将造成丢失顿巴斯的危险。

为了防止从西南面包围哈尔科夫军队集团，希特勒统帅部从顿巴斯和奥廖尔方向调来战役预备队——坦克师和摩托化步兵师，投入对付沃罗涅日方面军的战斗。这些坦克师和摩托化步兵师先后在博古杜霍夫方向和阿赫特尔卡方向上对苏军实施了强大的反突击。

同时，德军还调来了"帝国"、"骷髅"、"维京人"等党卫军坦克师，坦克第三师和

"大日耳曼"摩托化师来加强参加哈尔科夫战斗的部队。

8月10日，科涅夫下达了夺取哈尔科夫的训令。训令的基本思想是，要在哈尔科夫接近地，在野外粉碎防守哈尔科夫地域的德军集团。科涅夫清楚地知道，在经过如此周密准备的城市里作战，要求部队付出非常巨大的努力，将会造成人员的重大损失，而且战斗可能具有持久性。

此外，巷战可能会在居民中造成不必要的损失，并且可能导致破坏居民住宅和完好的工业企业。必须作出一切努力，在野战条件下分割并各个击溃德军集团，使其不能同在博戈杜霍夫地域实施反突击的各坦克军协同动作，将城市与来自西面的坦克预备队隔绝。

为了保证突破防御外廓，草原方面军部队得到4234门火炮和迫击炮的加强，火炮数量的对比为6.5∶1。

8月11日，激烈的战斗打响了！德军顽强地防守配置在防御圈以北担任掩护其接近地的支撑点和抵抗枢纽部。直到夜晚，第五十三、第六十九和近卫第七集团军才在整个战线上进抵哈尔科夫防御外廓。

第五十七集团军克服德军第二防御地区后，占领了一些大抵抗枢纽部，其右翼抵达从东南掩护哈尔科夫的中间地区。在一些地段上，展开了激烈的堑壕战斗。

第六十九集团军肃清切尔卡斯科耶—洛佐沃耶、大达尼洛夫卡地域的一些大抵抗枢纽部并消灭近千名德军后，直抵哈尔科夫北郊城廓。其中央楔入了城廓纵深，占领了索科利尼基——城市防御配系中的一个支撑点。

近卫第七集团军在突破外廓后，从东北面迂回哈尔科夫；第五十七集团军强渡过罗甘卡河，从行进间以其右翼突破了中间防御地区和外廓。

经过极其紧张的战斗，草原方面军部队于8月12和13日在一系列地段上直抵城廓，并在哈尔科夫郊区展开了战斗。

德军统帅部为进行防御，投入了一切可能对抗苏军的力量。因此，在4天的时间里，苏军被迫只能在已到达地区进行战斗，打退企图不惜任何代价阻止苏军进攻的德军的激烈反冲击。但是，德军所有的反冲击均被击退，

第五十三集团军、近卫坦克第五集团军和第五十七集团军部队准备实施新突击，以便从西面、东面和南面包围哈尔科夫。

8月18日至20日，战斗进行得特别激烈，当时德军企图在博戈杜霍夫地区消灭沃罗涅日方面军突击集团的基本兵力，以达到改变整个别尔哥罗德—哈尔科夫地区形势的目的。

然而，德军的这一企图未能改变哈尔科夫战役的进程。

8月18日早晨，第五十三和第五十七集团军继续进攻，努力更加严密地从西面和西南包围哈尔科夫。为肃清森林地带的德军，第五十三集团军部队在哈尔科夫西北进行艰苦的战斗。该集团军步兵第二九九师和第八十四师对森林北缘实施的进攻未获成功。

当夜，在强大的炮火急袭射击之后，苏军克利缅科上校指挥的步兵第二九九师和布尼亚申将军指挥的步兵第八十四师部队击败了德军的抵抗，夺取了森林地带。从预备队调来的阿尼西莫夫将军指挥的步兵第二五二师迅速而巧妙地通过森林向前推进，并在肃清森林地带之敌后，于8月19日早晨前协同步兵第二九九师和第八十四师，展开了夺取佩列谢奇纳亚镇和渡过乌达河的战斗。

为了尽快地拿下哈尔科夫，科涅夫令近卫坦克第五集团军在波列沃耶以南森林地域集结。该集团军应以对科罗季奇的突击，截断德军从哈尔科夫向西和向西南的退路。

近卫坦克第五集团军的坦克在夜间渡河并通过了铁路路堤，集结于乌达河南岸，转入进攻并从西面和西南包围了哈尔科夫地域德军集团，而第五十七集团军则从东南实施包围。

扎多夫将军指挥的近卫第五集团军与第五十三集团军密切协同，同时在哈尔科夫西面实施进攻。

在为夺取哈尔科夫而进行紧张战斗的时候，布良斯克方面军和中央方面军部队胜利地完成了奥廖尔进攻战役，前出到布良斯克接近地；西南方面军和南方方面军展开了解放顿巴斯的战斗；沃罗涅日方面军部队在8月17日至20

日的激烈战斗中遭受了令人痛心的损失，但德军在博戈杜霍夫和阿赫特尔卡地域实施的反突击并未取得成功。

8月22日下午，德国法西斯军队开始从哈尔科夫地域撤退。为了不让德军逃脱打击，科涅夫于8月22日晚下达了夜间强攻哈尔科夫的命令。

8月22日夜，城里进行了巷战，各个巷道火光冲天，强烈的爆炸声不绝于耳。第五十三、第六十九、第五十七、近卫第七集团军和近卫坦克第五集团军勇敢无畏，巧妙地绕过德军支撑点，渗入德军防御阵地，从后方进攻德军守军，稳步地肃清着哈尔科夫的法西斯侵略者。

8月23日拂晓，突入城中的步兵第一八三师各部队沿苏梅大街顺利地实施进攻，最先进至捷尔任斯基广场。近卫步兵第八十九师的军人们沿克洛奇科夫斯基大街进至戈斯普罗姆大楼，并将红旗插上了楼顶。

到8月23日11时，草原方面军部队完全解放了哈尔科夫。防守该城的德军集团大部分被歼，残部弃城逃跑。沿途他们破坏了所有公路、铁路和桥梁，污染了水源，焚烧一切农作物，毁坏了建筑物。

当天晚上，莫斯科为庆祝哈尔科夫解放，用224门礼炮鸣放20响向草原方面军军人致敬。8月30日，苏军在舍甫琴科纪念像旁举行集会，庆祝哈尔科夫解放，所有活着的城市居民都走到街上。广场上人山人海，哈尔科夫沉浸在一片欢呼之中。

前出第聂伯河
夺取河右岸登陆场

在库尔斯克会战中彻底击溃德国法西斯军队后，苏军从大卢基到亚速海展开了强大的进攻。苏联最高统帅部大本营决定，苏军的基本战役将在西南左岸乌克兰实施，目的是消灭德军东线南部集团，前出至第聂伯河，夺取河右岸的登陆场，以便尔后完成解放全部右岸乌克兰的任务。

被迫在苏德战场全线转入战略防御的希特勒军队，竭力扼守已占领的领土并阻止苏军在韦利日、多罗戈布日、布良斯克、苏梅、北顿涅茨和米乌斯河等地区的进攻。一旦不能守住这些地区，德军打算在杰斯纳河、索日河、第聂伯河、莫洛奇纳亚河地区固守。

1943年8月11日，希特勒下达了关于加速构筑战略防御地区的命令，该防御地区从楚德湖北面开始，沿纳尔瓦河、普斯科夫、涅韦利、维捷布斯克、奥尔什以东，然后经过戈梅利，顺索日河和第聂伯河中游，再沿莫洛奇纳亚河至亚速海。

法西斯统帅部特别重视沿第聂伯河防御的组织。因为第聂伯河水量大，河面宽阔，是继伏尔加河和多瑙河之后的欧洲第三大河流。第聂伯河适于防御的另一个原因是，河右岸高，可控制左岸，左岸在很大一段距离上坡低而缓。9月底，德军在这里构筑了工程完备、布满防坦克兵器和防步兵兵器的防御，这就是所谓"东方壁垒"的基本部分。

德军统帅部在认为苏军可能渡河的地方，构筑了极为牢固的多地带防御。在第聂伯河左岸一系列地域，构筑了火力很强的桥头堡。在克列缅丘格、扎波罗热和尼科波尔地域，构筑了特别强大的工事。

希特勒在丢失哈尔科夫后声称："第聂伯河是一道700~900米宽的巨大江河障碍，右岸是连绵不断的永备发射点，攻不破的天然堡垒。除非第聂伯河水倒流，否则俄国人是克服不了它的。"

第聂伯河的战略地位也十分明显，它是乌克兰的天然屏障。乌克兰对于法西斯德国来说具有重要经济意义。希特勒明白，第聂伯河沿岸阵地的崩溃，将使法西斯德国失去乌兰克的粮食、克里沃罗热的铁矿、扎波罗热和尼科波尔的锰和有色金属。一句话，丢掉乌兰克，对于德国人及其盟国来说，就意味着丧失重要的原料基地。

早在8月12日，当草原方面军部队进抵哈尔科夫防御外廓，在博戈杜霍夫以南展开激战的时候，草原方面军、沃罗涅日方面军和西南方面军指挥部就已收到最高统帅部大本营的训令，训令中下达了这三个方面军部队的尔后任务。

草原方面军的预定方向规定为向克拉斯诺格勒、上第聂伯罗夫斯克进攻，快速部队应前出至第聂伯河并占领各渡口。

沃罗涅日方面军的任务是进攻克列缅丘格，西南方面军部队应向巴尔文科沃、巴甫洛格勒总方向运动，前出至扎波罗热、波洛吉一线，截断德军顿巴斯集团向西的退路。苏联最高统帅部大本营委派元帅朱可夫和华西列夫斯基协调诸方面军的战斗行动。

德军同以前一样，将基本军队集团部署在西南方向上。在这里，与中央方面军、沃罗涅日方面军、草原方面军、西南方面军和南方方面军对峙的是德军"南方"军队集群，编有坦克第一和第四集团军，第八和第六集团军，以及从"中央"集团军群调来的德国法西斯第二集团军，总共62个师，其中14个坦克师和摩托化师。"南方"军队集群共有124万名官兵，12600门火炮和迫击炮，约2100辆坦克和强击炮，近2000架作战飞机。曼施坦因指挥"南方"军队集群。

苏军共有263万人，51200门火炮和迫击炮，2400辆坦克和自行火炮，2850架飞机。因此，苏军为实施进攻战役而拥有的优势不大：人员为德军的

2.1倍，坦克为1.1倍，飞机为1.4倍，仅在火炮方面为德军的4倍。

9月上半月，苏联大本营将第六十、第五十二和近卫坦克第三集团军，2个坦克军、1个机械化军和2个骑兵军转隶中央方面军和沃罗涅日方面军；将第三十七集团军和分别从友邻的沃罗涅日方面军和西南方面军抽调的2个集团军转隶草原方面军。

9月15日，希特勒作出了将军队撤过第聂伯河的决定。德国法西斯统帅部在作出这一决定后，便向基辅、卡涅夫、克列缅丘格、切尔卡瑟、第聂伯罗彼得罗夫斯克附近的永备渡口运动。

法西斯匪徒在退却时按照预定的计划，野蛮地毁坏城市和村庄、工业企业、桥梁，燃毁庄稼，牵走牲口，强行驱赶苏联人去当法西斯的奴隶。这一切激起了苏军对法西斯占领者的强烈仇恨。在烧毁的乡村和破坏的城市的废

二战时德军（二战模拟场景）

墟上，在被杀害的人们的尸体旁，苏军士兵和军官宣誓，要加倍地狠狠打击德军，尽快将德军赶出祖国领土。

为了不让德军把富饶的边疆变成一片废墟，不让其有组织地向第聂伯河对岸退却，苏军对德军穷追不舍。坦克、机械化和骑兵兵团神速地前出到德军后方，截断了德军的退路。各方面军航空兵对德军纵队、道路枢纽和渡口实施了突击。

苏军的进攻在700公里的正面上展开。进攻极其艰难，因为苏军必须渡河作战，德军则利用这些河流进行防御。谢伊姆河、索日河、北顿涅茨河、沃尔斯克拉河、奥列利河、米乌斯河、杰斯纳河等河流的河岸成了德军的天然屏障。

科涅夫打电话从工程兵主任沃罗比约夫那里要来了有关第聂伯河的兵要地志资料，弄清了渡河的最佳位置，又调派重型舟桥纵列，用来架设第聂伯河铁路桥。

9月20日，科涅夫定下了在克列缅丘格和第聂伯罗捷尔任斯克方向上击溃退却之敌，紧随退却之敌从行进间强渡第聂伯河并占领右岸登陆场的决心。

科涅夫要求近卫第五集团军司令员，第五十三、第六十九集团军司令员，近卫第七集团军司令员，第五十七和第四十六集团军司令员坚决地对退却之敌展开追击，在1943年9月24至25日前占领第聂伯河各渡口并保证强渡该河。同时科涅夫要求坚决、果敢地实施向第聂伯河前出和强渡该河的战役。

强渡第聂伯河拟在130公里的正面上实施。上述命令还确定了部队夺取第聂伯河对岸登陆场的任务。

近卫第五集团军应向列舍季洛夫卡方向实施突击，从北面迂回波尔塔瓦。其先遣支队应于9月24至29日在克列缅丘格地域前出至第聂伯河。

第五十三集团军从南面迂回波尔塔瓦，向科舒博夫卡、科贝总方向追击德军。该集团军先遣支队应于9月24自在萨德卡和奇卡洛夫卡地域占领第聂伯河渡口。第六十九集团军向别利克和布列乌索夫卡方向实施进攻。

近卫第七集团军的任务是，在佩列沃洛奇纳亚、博罗达耶夫卡、旧奥尔

利克地域向第聂伯河前出，并夺取右岸各登陆场。第五十七集团军向舒利戈夫卡方向发展进攻，应于9月23日在普什卡列夫卡—索什诺夫卡地域夺取该渡口，并占领舍甫琴柯沃、韦尔霍夫采沃地段上的登陆场。

第四十六集团军向第聂伯罗捷尔任斯克、索菲耶夫卡和恰普林卡总方向发展进攻。该集团军应于9月23日在奥雷、第聂伯罗捷尔任斯克居民地地域夺取各渡口，并占领米诺夫卡、布拉戈韦先卡地段上的登陆场。

第三十七集团军位于方面军第二梯队，作好替换第六十九集团军进入交战的充分准备。第三十七集团军新锐部队和兵团应于方面军地带中央，在乌斯片斯科耶、库采沃洛夫卡地段上强渡第聂伯河。

方面军部队在执行命令时，顺利地向前推进了10~15公里，并于9月21日占领了250多个居民地。到9月21日日终时分，第五十三集团军部队在其整个正面上前出到沃尔斯克拉河东岸。扎多夫的部队也与马纳加罗夫同时进至该河。这两个集团军未能从行进间攻占波尔塔瓦，面临的是一场苦战。他们必须强渡沃尔斯克拉河并克服该河右岸德军完备的防御配系。

9月22日拂晓，近卫第五集团军和第五十三集团军部队开始强渡沃尔斯克拉河。7时，近卫第五集团军的近卫空降兵第9师，近卫步兵第九十五、第九十七和第十三师部队渡至河右岸。其中近卫第九十五师的军人表现得特别勇敢。

与此同时，第五十三集团军近卫步兵第二一四、第二三三和第二九九师部队也渡过了沃尔斯克拉河。随后渡过该河的是该集团军步兵第八十四、第三七五和第一一六师部队。第五十三集团军部队在摧毁德军的抵抗时，不顾德军强大的火炮、迫击炮和机枪的火力，冲击沃尔斯克拉河右岸德军阵地并顺利地向前推进。

9月22日傍晚，第五十三集团军各部队在切罗夫、克利莫夫卡、东科祖巴地段上攻占了河右岸，并继续向东方向逼退德军。

由斯卡奇科上尉带领的近卫步兵第九十五师的侦察兵和步兵第八十四师的两名侦察兵穆欣中士和列兵孔沙洛夫最先突入市内。

　　3时，斯卡奇科小组到达十月公园。侦察兵伊万·别雷赫将一面红旗插上了纪念波尔塔瓦城下历史性会战参加者的古老纪念碑——光荣方尖碑。穆欣和孔沙洛夫到达市中心，并在一座建筑物上又插上了一面红旗。

　　近卫步兵第九十五师、步兵第八十四师和近卫空降兵第九师经过专门训练的强击队，紧随侦察兵之后从四面八方突入市内。

　　突入市中心后，步兵第八十四师第二〇一团团长叶尔米申少校将一面红旗插上了波尔塔瓦广场的一座幸存的建筑物。波罗马廖夫少校、亚什尼科夫大尉指挥的分队和其他许多分队也成绩显著。

　　在激烈的巷战中，这些师的部队于9月23日早晨肃清了波尔塔瓦的德国法西斯侵略者。市民们欢天喜地地迎接解放者。

◆ 驾驶坦克的苏军（二战模拟场景）

这样，这座俄罗斯的光荣城市，乌克兰波尔塔瓦州中心获得了解放。

草原方面军近卫第五集团军和第五十三集团军部队以坚决的冲击和迂回机动，攻下了这座被德军变成通往第聂伯河道路上强大防御支撑点的城市。希特勒统帅部阻止苏军并使苏军陷入攻城持久战的计划彻底破产了。

莫斯科鸣放礼炮向方面军部队致敬，最高统帅命令向参加解放波尔塔瓦的部队宣布嘉奖并授予它们"波尔塔瓦"荣誉称号。

被击溃的德军波尔塔瓦集团仓皇退往第聂伯河各渡口和克列缅丘格渡口。德军各师也从其他方向退向这里。克列缅丘格是第聂伯河左岸重要的交通枢纽，因此，现在，当苏军解放了哈尔科夫和波尔塔瓦之后，德军千方百计力图守住克列缅丘格，而主要是守住保证德军退向第聂伯河对岸的各渡口和登陆场。德军按照军事工程学的一切规则加强了克列缅丘格桥头登陆场。在克列缅丘格近接近地上，挖掘了防坦克壕，构筑了崖壁，设置了铁丝网和雷场。

为防御登陆场，保障渡口，德军调来了"帝国"、"大日耳曼"等法西斯精锐党卫军师。德军将抢来的大量粮食集中在渡口附近，准备运回德国。城里关押着几万名附近村庄的居民，准备将他们驱赶到异国他乡。这也是为什么德军要如此死守克列缅丘格的原因。

科涅夫清楚地认识到占领克列缅丘格附近渡口的重要性，特地调来了在战火中经受过锻炼的两个集团军——近卫第五集团军和第五十三集团军。这两个集团军从别尔哥罗德出发，边战斗边行进了300公里，因此可以信赖它们。

科涅夫要求，在拔除克列缅丘格地域德军登陆场时，部队的行动应尽可能地迅速。在送别两集团军司令员扎多夫和马纳加罗夫时，科涅夫指示他们说，在克列缅丘格附近一些地段上强渡第聂伯河时，无论如何不能让德军登陆场留在第聂伯河左岸。

苏联最高统帅部大本营在其命令中更早地提请方面军司令员注意，要拔除这条大河左岸的所有登陆场。

到9月28日，近卫第五集团军和第五十三集团军在追击退却的德国法西斯军队时，消灭了其有生力量和技术装备，抵达了克列缅丘格。德军进行了顽强的抵抗。苏军从四面八方向克列缅丘格实施冲击和强击，分割了德军登陆场。经过9月28、29日两天的战斗，第五和第五十三集团军全部肃清了克列缅丘格的德军。缴获了21门高射炮、26挺机枪、1艘摩托艇、数艘驳船（载有640吨粮食）、300头准备赶往西方的牛。

9月29日，大本营于签署了关于向切尔卡瑟·新乌克兰卡、沃兹涅先斯克总方向实施主要突击，消灭德军基洛夫格勒集团的命令。方面军受命以自己的左翼向皮亚季哈特卡和克里沃伊罗格方向实施进攻，目的是向德军第聂伯罗彼得罗夫斯克集团后方前出。

根据受领的任务，科涅夫和司令部开始计划新的战役，与此同时，各部队一个接着一个相继在从切尔卡瑟至第聂伯罗彼得罗夫斯克的正面上进抵第聂伯河。

科涅夫的尔后行动计划是，在宽大的正面上从行进间强渡第聂伯河。主要方向选择在佩列沃洛奇纳亚—克里沃罗格。面临的任务是消灭德军基洛夫格勒—克里沃罗格集团。战役预定分两个阶段实施。在第一阶段，计划强渡第聂伯河并占领河右岸登陆场。第一阶段计划制订得较为详细。至于第二阶段，当时制订的是一个初步计划。第二阶段比较详细的计划，要视强渡第聂伯河的结果和在河对岸占领的登陆场的大小而定。

10月3日，大本营未作重大修改便批准了科涅夫的草原方面军的计划。

大本营批准的战役计划规定，草原方面军突击集团向皮亚季哈特卡、克里沃罗格总方向实施进攻，以便在攻占皮亚季哈特卡后，继续向阿波斯托洛沃方向发展胜利，目的是切断扼阻西南方面军进攻的德军第聂伯罗夫斯克集团的西逃之路。

为了不在新地点强渡第聂伯河，规定从第三十七集团军、近卫第七集团军和第五十七集团军地带内已有的登陆场发展突击。

根据规定的任务，科涅夫在杰里耶夫卡和上第聂伯罗夫斯克之间的登陆

场上集中了近卫第五和第七集团军，第三十七和第五十七集团军。由近卫第五集团军和第三十七集团军实施主要突击。为了发展向皮亚季哈特卡方向的突破，投入了近卫坦克第五集团军和近卫机械化第七军，并且采取了措施，使德军在短时间内无法发觉方面军部队在变更部署和对部队进行物质保障。

近卫第五集团军从克列缅丘格地域内的登陆场撤回，由近卫第四集团军接替。该集团军渡到第聂伯河左岸，完成了100公里沿正面向东南到库采沃洛夫卡地域的行军，随后重新渡到第聂伯河右岸第三十七集团军的登陆场，并于10月13日在此占领新的战斗地段，以便发起进攻。

近卫坦克第五集团军在波尔塔瓦一哈尔科夫地域得到补充。该集团军坦克兵完成了100~200公里的行军，沿着为坦克专门架设的渡桥越过了第聂伯河，因此，他们还未来得及准备进攻。第五十二和近卫第四集团军奉命在宽大正面上积极行动，并从已占领的登陆场转入进攻，消灭当面之敌并扩大登陆场。第五十二集团军的任务是解放切尔卡瑟。

军队调动是在夜间隐蔽进行的，德军没有发现苏军变更部署和在登陆场上的集中，因此，也未采取抗击突击的措施。但是，方面军部队强渡第聂伯河和夺取登陆场的积极行动，使德军把大部分兵力调到了这一地域。

在苏军进攻之前，德军在切尔卡瑟一上第聂伯罗夫斯克战线上拥有24个师，其基本兵力部署在杰里耶夫卡、上第聂伯罗夫斯克地段上。其地面兵力得到第四航空队拥有700余架飞机的两个军的支援。

同时，法西斯统帅部为了增援它在基洛夫格勒方向上的军队，又从西欧抽调几个师到这里来。曼施坦因关于以新锐部队加强"南方"集团军群的要求得到了部分满足。希特勒加强"南方"集团军群的目的是保护克里沃罗格的矿石，德军正在加紧攫取这种矿石。但整个说来，第聂伯河所形成的局势对德军不利。苏军为尔后从已占领的登陆场实施进攻创造了一切条件。

10月15日早上，方面军部队经过猛烈的炮火准备和航空兵火力准备之后，以4个诸兵种合成集团军和1个坦克集团军编成的突击集团转入进攻。冲击一开始，双方就展开了激战。德军拼命抵抗，在坦克和飞机的支援下，多

次转入反冲击。德机也猛烈轰炸苏军的战斗队形。这天，德机出动了250架次。苏军摧毁了德军的抵抗，继续突破其防御。

当天下午，科涅夫决定将近卫坦克第五集团军投入交战，以加快突破速度。15时，在第三十七集团军地带内，机械化第七军投入战斗，两个半小时后，特鲁法诺夫将军的坦克第十八军的两个旅在近卫第五集团军地带内投入战斗。

10月16日，经过激战，苏军草原方面军部队顺利地突破德军的防御，继续发展进攻，并于10月18日攻占了能侧射苏军登陆场部队的德军坚固支撑

点——杰里耶夫卡。

10月19日，罗特米斯特罗夫的坦克兵在波尔宾将军的轰炸航空兵和梁赞诺夫将军的强击航空兵的支援下，向前猛冲，摧毁德军的抵抗，解放了左岸乌克兰的城市和大铁路枢纽——皮亚季哈特卡。在这里，缴获了几列运送武器和粮食的军列以及一个储备大量谷物的机械化粮仓。

科罗杰耶夫中将的第五十二集团军，在离方面军主要集团很远的地方单独地渡过了第聂伯河，并在切尔卡瑟地域建立了仅次于基辅和第聂伯河登陆场的第三个大登陆场，正面为60公里，纵深为30公里。军队在此经过残酷的

德军战机（二战模拟场景）

战斗，攻占了切尔卡瑟这个很牢固的防御枢纽部，接着又神速地前进了。

从行进间攻占斯梅拉铁路枢纽的计划未获成功，但第五十二集团军部队在前出至斯梅拉和博布林斯卡亚车站的近接近地之后，可以通过炮火控制白采尔科维—斯梅拉—克里沃罗格的横向铁路，不让德军利用它。

在切尔卡瑟战斗中，德军遭受了重大损失。攻城战斗进行得很激烈。获得"切尔卡瑟"荣誉称号的步兵第二九四师炮兵第八四九团的炮兵们，在这里战功特别卓著。

为了表彰瓦连京·波德涅维奇炮兵上尉和弗拉基米尔·莫洛特科夫炮兵中尉在切尔卡瑟战斗中的功绩和勇敢，战后他们被追认为"苏联英雄"。

其间，在德军后方作战的游击队和空降兵分队给了第五十二集团军部队以巨大的援助。他们与集团军部队一起，以自己的行动加速了苏军在基辅和基洛夫格勒方向上的胜利。

方面军在登陆场的胜利进攻，在德军中引起了惊慌。他们从意大利和法国调来4个新锐师，即步兵第三七六、第三八四师和坦克第十四、第二十四师投入交战，企图阻止苏军的进攻。

德军"南方"集团军群司令曼施坦因后来在《失去的胜利》一书中写道：

在整个十月里，敌草原方面军指挥部似乎要算是最活跃的……草原方面军将一批又一批的新锐兵力不断地调往他们在第聂伯河以南我坦克第一集团军和第八集团军之接合部所夺取的登陆场。到10月底，该方面军在那里配置的兵力不少于5个集团军(其中包括1个坦克集团军)，编有61个步兵师和7个坦克和机械化军，坦克900多辆。两个集团军的内翼侧都顶不住这种优势兵力，便开始分别向东、西两个方向撤退。于是，在两个集团军之间形成了一个大的缺口。在敌人面前出现了一条深入第聂伯河弯曲部，通向克里沃罗格，从而直趋尼科波尔的道路。希特勒认

为，从军事经济观点出发，控制尼科波尔是至关重要的。

曼施坦因在这里夸大了苏军的数量，但他说了真话：苏军的行动确实是活跃而坚决的，尽管由于道路泥泞，给军队运送弹药和燃料造成很大困难。但为了从占领者手中解放国家最富饶的矿区的矿山和矿井，苏军不断增强突击力，顽强地沿克里沃罗格向前推进。

从10月20日起，沃罗涅日方面军、草原方面军、西南方面军和南方方面军分别改为乌克兰第一、第二、第三和第四方面军。

1943年10月23日，近卫坦克第五集团军以基本兵力前出至克里沃罗格接近地，而以部分兵力前出至基洛夫格勒以东30公里的米特罗法诺夫卡地域。早上，坦克第十八军各部队和搭乘坦克的步兵一起迅猛地突入克里沃罗格，但遭到德军强大坦克集团的反冲击，未能在城中固守住。

紧随近卫坦克第五集团军之后进攻的第三十七集团军部队也因德军坦克的反冲击而受阻于克里沃罗格接近地。

这天早上，科涅夫亲自到克里沃罗格附近的罗特米斯特罗夫的观察所观看攻城战斗，观察集团军的行动和梁赞诺夫军的强击航空兵对坦克兵的支援。梁赞诺夫也在罗特米斯特罗夫的观察所里。

科涅夫指示，夺取该城之后，必须牢牢地固守，并很好地与沙罗欣集团军协同。科涅夫从罗特米斯特罗夫那里来到沙罗欣处，帮助他弄明白克里沃罗格的情况，并建议他准备好炮兵，以抗击德军的坦克冲击。

乌克兰第二方面军部队前出至克里沃罗格和基洛夫格勒，使德军第聂伯罗彼得罗夫斯克—扎波罗热集团面临困难的处境，并为乌克兰第三方面军部队转入进攻创造了非常有利的条件。

10月22日，第五十七集团军部队解放了上第聂伯罗夫斯克，给德军造成了从后方被合围和冲击的直接威胁。德军采取一切措施，企图阻滞苏军的进攻。德军的抵抗开始不断增强。

为了发展进攻，苏军利用一切手段帮助部队向前推进，例如用波-2飞机

运送燃料，用"道格拉斯"运输机运送部队，用畜力运输炮车……

在第聂伯罗彼得罗夫斯克，德军利用该城的砖石建筑负隅顽抗。为了使城市不被破坏，也为了减少人员伤亡，科涅夫决定暂时不直接转入争夺第聂伯罗彼得罗夫斯克的战斗，而是首先在野外击溃德军基本集团，特别是德军的坦克师。那时，城里的，尤其是后方的德军就将面临被彻底合围的威胁。

科涅夫把战役的简短总结和方面军的情况向斯大林作了报告，并向他表示："我方面军部队现在位于克里沃罗格接近地。德军担心被合围，开始从第聂伯罗彼得罗夫斯克后撤后勤机关，在城市地域，只留下一些掩护部队，而把主力调到我正面的克里沃罗格地域。在这种条件下，急需要乌克兰第三方面军的右翼集团军开始进攻，以便尽快粉碎敌第聂伯罗彼得罗夫斯克集团。"

当天，大本营就命令乌克兰第三方面军立即转入进攻。到10月23日，乌克兰第三方面军右翼部队已向前推进。在此之前，在右翼展开的部队有格拉戈列夫将军的第四十六集团军和崔可夫将军的近卫第八集团军。

第四十六集团军从它与第五十七集团军共同占领的奥雷登陆场向新尼古拉耶夫卡方向进攻，而近卫第八集团军则从沃伊斯科沃耶的登陆场向索廖诺耶、丘马基、契卡洛夫方向进攻。这两个集团军摧毁德军的抵抗，顺利地向前推进，并扩大已占领的奥雷和沃伊斯科沃耶登陆场，这就使德军第聂伯罗彼得罗夫斯克集团面临着被合围的危险。

苏军部队在翼侧和后方实施的坚决而大胆的进攻和机动，突破了德军在第聂伯罗彼得罗夫斯克地域的防御。乌克兰第三方面军部队也在乌克兰第二方面军的积极协同下，于10月25日以强攻夺取了第聂伯罗彼得罗夫斯克和第聂伯罗捷尔任斯克这两个大工业区和德军在第聂伯河弯曲部的重要防御枢纽部。

10月底，乌克兰第二方面军部队在克里沃罗格地域与调到这里来的德军坦克第十一、第二十三和第二十四师进行了激战，并继续逐步地扩大登陆场。当时，登陆场集结了第五十三集团军、近卫第五集团军、第三十七集团

军、近卫第七集团军、第五十七集团军和近卫坦克第五集团军。

希特勒统帅部认为，扼守尼科波尔、克里沃罗格具有重大意义，因此，他千方百计在这些地域巩固自己的集团，企图无论如何也要赶走苏军乌克兰第二方面军的各集团军。

11月初，在苏军乌克兰第二方面军当面组织防御的是：德军第八集团军和坦克第一集团军的一部，共25个师，其中有7个坦克师和1个摩托化师。德军于10月28日在此建立了一个编有4个坦克师的强大坦克集团，该集团在航空兵的密集支援下转入进攻。

但是，德军在这里遇到了苏军第三十七集团军、近卫第七集团军和乌克兰第二方面军反坦克预备队强大而预有准备的对坦克防御，遭受了重大损失：在两天的战斗中被击毁坦克150辆。德军的进攻逐渐平息，最后停了下来。

11月23日，科涅夫通过高频电话向最高统帅报告了第聂伯河交战和夺取战略登陆场的情况。他报告说：军队作战英勇，有着高昂的士气。但是，战士们已经连续战斗4个月左右，在体力上感到疲乏，需要休息和补充。斯大林对乌克兰第二方面军部队的行动表示十分满意，并同意了科涅夫的意见。

乌克兰第二方面军在1943年夏秋战局中完成了所受领的任务，并取得了重大的战役胜利。他们在粉碎哈尔科夫和波尔塔瓦的德军中起了决定性的作用。他们从行进间在宽大正面上渡过了第聂伯河，并在克列缅丘格西南建立了战略登陆场。

乌克兰第二方面军的积极行动重创了"南方"集团军群，钳制了德军重大兵力，阻止了德军将这些兵力调往基辅方向去对付乌克兰第一方面军，从而促进了苏军在基辅地域的胜利和在那里建立战略基地。

经过一系列战斗，希特勒称之为固若金汤的"东方壁垒"被摧毁了，德军统帅部固守第聂伯河和以防御战斗赢得时间的所有战略计划和企图都被彻底粉碎了。

扎紧包围圈
重创德军装甲部队

　　1943年12月，乌克兰第二方面军突破了德军沿因古列茨河的设防地带，攻占了亚历山德里亚城和兹纳缅卡大铁路枢纽，但由于遭到了猛烈的、愈来愈强的抵抗，于12月下旬暂时停止了进攻，在占领地区固守。

　　科涅夫发现，在进一步向西展开战役时，乌克兰的重要铁路和公路枢纽、工业中心——基洛夫格勒城将是他们进攻的严重障碍。德军认为扼守该城具有重大意义，因此，把大量的步兵预备队和坦克预备队调到这里。12月的最后几天，德军甚至从基洛夫向兹纳缅卡、诺夫戈罗德卡方向对苏军进行了突击。

　　根据侦察情报，在乌克兰第二方面军中央各集团军当面的雅西，诺夫戈罗德卡地带内行动的德军是：野战航空兵第二师，步兵第三二〇、第二八六和第三七六师，党卫军骑兵师，摩托化第十师，坦克第三、第十一和第十四师。在战役过程中，德军又调来了党卫军"骷髅"师，并将其投入战斗。

　　德军的防御，基本上是以堑壕连接的支撑点体系为基础的。由于缺乏兵力，在前沿许多地段上，只构筑了一些每个可容3~5人的步兵掩体，阵地前架设了轻型铁丝网。在隐蔽的接近地上和第一道堑壕的逼近处，以及在纵深内，都设置了绵密的地雷障碍物。

　　第二防御地带离前沿6~8公里，这里的工事要比前边薄弱得多。

　　作为据点的基洛夫格勒本身是很坚固的。城内工事的基础是根据防御要求经过改造而又彼此相连的大型砖石建筑物；市内建立有交叉和侧射火力配系，城市接近地和城内的重要目标如桥梁、大型建筑物、机场等都敷设了地

雷。

因此，德军按照野战工事体系建立起来的防御，纵深不大，而且许多地段是由不满员的，在前几次战斗中被重创，但现在多少还有战斗力的兵团占领着。防御的基础是步兵自动武器的火力、步兵和坦克的反冲击，以及火炮和击迫炮的密集射击。德军就是以机动火炮和追击炮火力来抗击苏军的进攻的。

在准备和计划战役时，科涅夫向大本营简要报告了战役的企图，并很快得到了同意。方面军的基本任务是：粉碎德军基洛夫格勒集团，并切断其西逃之路。

战役的总企图是沿向心方向实施突击，其目的是合围德军整个基洛夫格勒集团。计划以机械化第七军协同近卫第五集团军从北面，近卫坦克第五集团军协同近卫第七集团军从南面包围歼灭德军集团。

在选择进攻地段上，科涅夫集中了相当强大的集团：56个师中的30个步兵师，5个机械化军和坦克军。在这里还集中了百分之百的坦克和机械化部队，以及百分之六十左右的炮兵。

战役计划于1944年1月5日开始。1月3日夜间，在近卫第五集团军地带内，以几个营、连的兵力实施了战斗侦察。在侦察过程中，各步兵师长和各炮兵司令员均在观察所里。这次侦察所获得的情报，在明确炮兵的目标和给各部、分队下达任务时得到了利用。

1月5日8时10分，苏军开始了50分钟的炮火准备和航空兵火力准备。在炮火准备时节，军队在地雷场和铁丝网中开辟了通路，清除了德军设置的障碍物。

9时，步兵发起冲击，马纳加罗夫将军的第五十三集团军在斯克沃尔佐夫将军的近卫机械化第五军协同下，突破了德军的防御，但德军从第一次突击中恢复元气之后，便开始以坦克和步兵从费德瓦里地域实施反冲击。

扎多夫中将的近卫第五集团军顺利地突破了德军防御，击退了德军步兵和坦克的多次反冲击。11时，卡特科夫将军的机械化第七军投入交战。日终

前，苏军的快速部队以及奥戈罗多夫上校的近卫步兵第——〇师各部队在大马迈卡地域突至因古尔河。

突击集团右翼的行动发展得相当顺利。到进攻第一天日终前，第五十三集团军和近卫第五集团军在宽24公里的正面上突破了德军防御，突入纵深4~24公里。也就是说，在个别方向上，德军的防御战术地幅已被突破。

但在近卫第七集团军地带内，战斗的发展却是另外一种情况。在这里，由于苏军的步兵团遇到了德军强大的坦克兵力，对德军防御的突破未能达到足够的深度。因此，罗特米斯特罗夫将军的近卫坦克第五集团军的各坦克军投入战斗的任务改为完成对德军防御的突破。

近卫坦克第五集团军协同近卫第七集团军部队突破德军防御后，与德军反冲击的坦克进行了战斗，并于1月5日日终前，以自己的兵团前出至切尔沃内亚尔东部、普拉夫尼、新安德烈耶夫卡北郊一线。

德军机械化部队（二战模拟场景）

1月5日21时，科涅夫向部队下达了战斗号令："近卫坦克第五集团军司令员于1944年1月6日晨8时前，将机械化第八军集结于卡扎尔纳地域，转隶近卫第五集团军司令员指挥；近卫第五集团军司令员用机械化第七和第八军坚决地发展进攻，从西北面向格鲁兹诺耶、列列科夫卡会让站总方向迂回基洛夫格勒，目的是切断从基洛夫格勒通向西面和西北面的道路，并与近卫坦克第五集团军部队协同，攻占基洛夫格勒。"

1月6日，乌克兰第二方面军突击集团继续进攻。但是，当德军判明主要突击在基洛夫格勒以北后，就变更了自己的兵力部署，进行拼命抵抗，特别是在第五十三集团军和近卫第五集团军地带内。在这里，他们开始以步兵和坦克实施强大的反冲击，特别是对近卫第五集团军突击集团的左翼。坦克冲击是以约120辆坦克组成的数个坦克群实施的。

但是，近卫第五和第七集团军，击退德军的反冲击，摧毁德军的抵抗，顽强地向前推进，到战役第二天日终前，已把相邻翼侧连接起来，并将突破口扩大到正面70公里，纵深30公里。

第五十三集团军摧毁了德军的拼命抵抗，到日终前，在近卫机械化第五军协同下，在普列什科沃东郊、奥西特尼亚日卡一线进行战斗。右翼有机械化第五军和强大的反坦克炮兵群，因而态势得到了巩固，德军所有的坦克反冲击均未奏效。

在尔后的进攻中，近卫第五集团军在右翼和中央遭到了法西斯军队的拼命抵抗。他们从大马迈卡、奥博兹诺夫卡地域以步兵和数个坦克群多次实施反冲击。

在近卫第七集团军地带内，德军的抵抗也在不断增强，因此，近卫步兵第二十四军也投入了交战，任务是向南和西南方向发展胜利。这个军以两个师转入进攻，但不在主要方向上，而在辅助方向上，目的是从左翼保障正在进攻的集团军的突击集团。

与此同时，近卫坦克第五集团军各兵团从行进间克服了德军沿阿贾姆卡河建立的第二防御地区，继续顺利地向前推进。坦克第二十九军在1月6日夜

间前出至基洛夫格勒东南，坦克第十八军攻占了费多罗夫卡，掩护自己的南翼，并以主力向新巴甫洛夫卡推进，即从西南面迂回基洛夫格勒。

近卫第五集团军空降兵第九师各先遣分队紧跟坦克之后进入南城区。近卫第五集团军近卫步兵第三十三师各部队在击退德军所有的反冲击，并将其从基洛夫格勒附近的居民地逐出之后，也突入城内。在近卫第七集团军各兵团中，科夫通·斯坦克维奇上校的步兵第二九七师部队最先入城，并在城南展开巷战。紧接他们之后，刚毅的列别坚科将军指挥的步兵第五十师突入市中心。

到1月7日早上，配属给近卫第五集团军的机械化第七和第八军，向格鲁兹诺耶发展进攻。在列列科夫卡会让站地域切断了基洛夫格勒—新乌克兰卡的铁路和公路。同时，坦克第十八军的先遣部队也前出至新巴甫洛夫卡地域，并切断了基洛夫格勒—罗夫诺耶的道路。

这样一来，苏军坦克部队就切断了在基洛夫格勒及其以东地域内行动之德军的一切退路。

到1月8日早上，乌克兰第二方面军全部解放了基洛夫格勒，并继续发展进攻。近卫第四集团军、第五十三集团军、近卫第五集团军，近卫坦克第五集团军的部队和近卫第七集团军的一部，一天时间又向前推进了4~12公里。

基洛夫格勒解放后，乌克兰第二方面军部队为抗击德军新的反冲击，又以右翼和中央兵力继续进攻了一段时间。但因为规定的目的已经达到，而且部队从第聂伯河开始进攻后，经过了两个半月的顽强战斗，已感到很疲乏，因此，科涅夫向各集团军下达了转入防御的命令。

乌克兰第一方面军部队在瓦图京大将的指挥下，于1944年1月中旬，前出至萨尔内城地域，以及古佩托夫卡和文尼察接近地。

乌克兰第三方面军部部队在马利诺夫斯基大将的指挥下，解放了扎波罗热，从第聂伯河向西推进了50至100公里。

但是，德军守住了第聂伯河中游卡涅夫地域。由于战线出现的情况，形成了一个所谓的科尔孙—舍甫琴柯夫斯基突出部。防守的德军，利用有利

地形，扼守乌克兰第一和第二方面军的接合部，威胁着两个方面军的相邻翼侧，钳制其机动的自由。希特勒的将军们期望利用这个突出部作为进攻基地，以恢复沿第聂伯河西岸的战线。

希特勒大本营和"南方"集团军群指挥部指望由于泥泞季节的到来，苏军就不能按原来的规模组织进攻。他们希望在自己东方战线的南地段上获得喘息时间。

德军在科尔孙—舍甫琴柯夫斯基突出部地域建立了稳固的防御阵地，使之既能扼守整个基地，又能在进攻战役展开时，成为进攻的出发点。该地域的地形有利于防御。无数的江河、小溪、陡坡、雏谷，以及众多的大居民地，都有助于构筑防御地区和斜切阵地。高地，特别是卡涅夫地域内的许多高地，能很好地组织观察。

在突出部的顶端卡加尔雷克、莫什内地段上，德军构筑了极为牢固的防御阵地，构筑了完备的工事体系和各种障碍物。在莫什内、斯梅拉地段上，德军防御前沿经过一片很深的沼泽地。因此，这里的防御是由一些切断主要通路的支撑点组成的。从斯梅拉向南，是双地带防御。防御前沿与佳斯明河河岸和高地平行。主要防御地带由支撑点和抵抗枢纽部组成，它们之间有些地方用堑壕连接。在支撑点内有完备的堑壕和交通壕体系，以及大量的土木质发射点。支撑点和抵抗枢纽部的正面和两翼用地雷场和铁丝网掩护。

第二防御地带在塔什雷克、帕斯托尔斯科耶、季什科夫卡一线构筑，但还没有完成。

在乌克兰第一方面军部队当面，特别是在从奥利沙内向南的地段上，德军防御工事比较薄弱。德军刚于1月10至12日撤退到这个地区，因此来不及加固。这里有许多支撑点，支撑点之间的间隙地有障碍物掩护。在森林地，德军设置有鹿寨和树枝鹿寨，在鹿寨中敷设有防坦克地雷和防步兵地雷。

法西斯统帅部认为扼守右岸乌克兰有重要的战略意义，因此，在这里集中了最有战斗力的重兵兵团和部队，共93个师，其中包括在整个苏德战场上的25个作战坦克师中的18个坦克师。在乌克兰第一和第二方面军当面行动的

则有第四航空队的各兵团，编有500架昼航轰炸机、260架战斗机和240架侦察机。

在1944年1月中旬形成的战略态势中，肃清科尔孙—舍甫琴柯夫斯基突出部之德军，成了乌克兰第一和第二方面军的首要任务。顺利解决这项任务有助于实现完全解放右岸乌克兰的目标。

1月12日，苏联最高统帅部大本营给两个方面军下达任务，向科尔孙—舍甫琴柯夫斯基突出部根部实施相向突击，围歼兹韦尼戈罗德卡—米罗诺夫突出部德军集团的方法是：乌克兰第一方面军左翼部队和乌克兰第二方面军右翼部队，在什波拉地域某地靠拢，因为只有乌克兰第一和第二方面军的这种会合，才有可能增强突击力量，前出至南布格河。

进攻开始时间规定为：乌克兰第一方面军为1月26日，乌克兰第二方面军为1月25日。进攻时间不同是由两个方面军的突击集团到兹韦尼戈罗德卡，即到他们应该会合的地点所通过酌距离的差别所决定的。

根据下达的任务，两个方面军首长和司令部拟制了战役计划。大本营同意方面军的计划。

进攻于1月24日开始。为了确定德军主要防御地带的真实位置，科涅夫决定先进行猛烈但是短促的炮火袭击，而后，各先遣营立即开始进攻。如果各先遣营取得胜利，方面军突击集团的主力就投入交战。

这种突破德军防御的方法是有效的，各先遣营从拂晓开始的冲击具有突然性。他们在16公里的地段上突破了德军防御，并向纵深推进2~6公里。

紧随各先遣营之后，近卫坦克第四集团军和第五十三集团军的主力投入战斗。突破发展顺利。战役第一天，在争夺支撑点和抵抗枢纽部的紧张战斗之后，苏军突破德军防御纵深4~10公里，即摧毁了德军第一防御地带，攻占了捷列皮诺、拉德瓦诺夫卡、奥西特尼亚日卡、皮萨列夫卡、赖缅塔罗夫犬卡等居民地。

下午，罗特米斯特罗夫将军的近卫坦克第五集团军投入交战，到日终前向前推进了18~20公里。该集团军脱离步兵部队，摧毁了德军的第二防御地

带，从行进间攻占古了卡皮托诺夫卡和茹罗夫卡，在已占领地区设防固守，并向南展开左翼兵团，其目的是向两翼扩大突破口。

从1月26日早上起，该集团军各坦克军继续进攻什波拉。

德军明确了苏军的真实的主突方向，并感到了对自己整个集团的严重威胁，便开始调集兵力，破坏苏军的进攻。德军从基洛夫格勒方向调来一些坦克师，在苏军突破的两翼仓促建立强大的突击集团。

1月27日，德军两个集团分别从南、北两面向皮萨列夫卡和奥西特尼亚日卡总方向开始进攻，旨在清除防御中的突破口和切断苏军在这之前已到达什波拉地域的坦克部队与方面军基本兵力的联系。

由此，双方在整个突破地段上展开了激战。苏军勇敢而顽强地抗击德军一次又一次的反冲击。

1月27日夜间，科涅夫将谢利瓦诺夫将军的近卫顿河骑兵第五军投入交战。尽管骑兵军进入突破口遇到了很大的困难，然而，当它前出到德军的后

德军在战场上（二战模拟场景）

方后，在合围和与德军的斗争中，发挥了重大的作用。在最后阶段，当德国法西斯军队企图逃出大包围时，骑兵的战功特别卓著。

在这次合围战役中，乌克兰第二方面军的主要突击集团补充加强了14个步兵师，4个炮兵旅，1个坦克旅和1个工程工兵旅。

由于采取措施及时，乌克兰第二方面军不仅在突破口的两翼成功地抗击了德军重兵的激烈冲击和反突击，而且顺利地发展了进攻，完成了对德军的合围，在合围的对外正面击退了德军的密集突击，同时把被围集团分割成若干部分。

1月28日，近卫坦克第五集团军拉扎列夫将军的近卫坦克第二十军，以两个旅实施神速进攻，前出至兹韦尼戈罗德卡。最先突入兹韦尼戈罗德卡的是普罗申中校的坦克第一五五旅的部队。迎接该部队从西面突入的是坦克第二三三旅和乌克兰第一方面军坦克第六集团军的其他先遣部队。

此时，在兹韦尼戈罗德卡地域内，苏军的坦克合围圈闭合了。也就是说，苏军乌克兰第一方面军和乌克兰第二方面军会合了。两个方面军的会合为合围整个科尔孙—舍甫琴柯夫斯基的德军奠定了基础。

乌克兰第二方面军突击集团部队在兹韦尼戈罗德卡、伊斯克连诺耶、沃佳诺耶—兹拉托波尔以北一线建立了对外正面，在奥利尚卡河—布尔特—奥利沙纳一线建立了对内正面。

乌克兰第一方面军部队在特诺夫卡—雷扎诺夫卡—兹韦尼戈罗德卡以南一线建立了对外正面，在奥利沙纳、申杰罗夫卡、比耶夫齐、亚赫纳(不含)、克列夏季克以北的罗西河河口一线建立了对内正面。

此时，德军在合围的对外正面上有14个师，其中8个坦克师，密度为8.8公里1个师。在合围的对外正面上，兵力对比按师的数量是1.3∶1，苏军占优势；但就坦克数量来讲，德军超过了苏军。

为了援救被围各师，德军开始调集自己的坦克兵力。比如在新米尔戈罗德地域，德军集中了第八集团军的4个坦克师。

2月1日至3日，双方在合围的对外正面展开了激战。德军在尤尔科夫卡—

利相卡的正面上集中了4个坦克师，对付苏军近卫坦克第五集团军和第五十三集团军。当天，合围圈内的德军以约2个步兵师和坦克第十四师1个团的兵力，向布尔特方向实施突击，企图与对外正面向克雷姆卡方向进攻的德军坦克集团会合。

由于苏军第五十二集团军和近卫第四集团军的顽强抵抗，德军从合围圈内实施的突击未能得逞。2月5日日终前，苏军还攻占了德军的重要支撑点维亚佐沃克。

2月5日，近卫骑兵第五军采取迂回机动，攻占了韦尔博夫卡和奥利沙纳。因此，在近卫第四集团军地带的对内正面，苏军的态势大大地改善了。

在2月的第一周里，德军从对内正面继续拼命地进行坦克冲击。但是，在其坦克冲击的道路上，苏军建立了不可摧毁的强大炮兵火力和坦克火力拦障。他们在乌克兰第二方面军地带内遇到强大的炮兵和坦克的防御后，便开始把自己的突击从东向西转向安东诺夫卡和里济诺地域的乌克兰第一方面军地带。

为了不让德军向两个方面军的接合部突破，乌克兰第二方面军指挥部采取了加强接合部的紧急措施，于2月11日给军队下达了如下命令：

坦克第二十七旅旅长应立即按照警报沿卡扎茨科耶、米哈伊洛夫卡行进路线前进，于2月12日10时前前至出达诺夫卡地域，就地组织设伏和组织反坦克防御。该旅到达这个地域后，隶属近卫第四集团军司令员指挥。

空降兵第七师和近卫第六十九师编入近卫步兵第二十一军。该军的任务是：巩固防御，不让敌坦克从南向东北和东面突破去援救被围者。

近卫空降第七师将配属1个反坦克歼击炮团。

乌克兰第一方面军第二十七集团军步兵第一八〇师，从2月12日12时起，隶属近卫第四集团军。

　　乌克兰第一方面军首长也采取了相应的措施，把步兵部队和炮兵调至维诺格勒、利相卡地域。此外，波格丹诺夫将军的坦克第二集团军从大本营预备队向这个地段开进。

　　希特勒的将军们指望以各坦克师的强大突击，突破合围正面并恢复态势。希特勒也慷慨许诺。他在发给施特默尔曼的电报中写道："您可以像依靠石头墙一样依靠我。您将从合围中被解救出来。而现在您应要打到最后一粒子弹。"

　　曼施坦因也给施特默尔曼发了一封无线电报，电报说，坦克第三军正向利相卡方向实施援救。该军军长坦克兵将军布赖特通过无线电对施特默尔曼

说："坦克第三军在击退苏军强大的冲击后，又重新转入进攻。无论如何你们要坚持住，不管怎样，我们一定会来。布赖特将军。"

德军坦克第一集团军司令官给施特默尔曼及其部队的无线电报特别频繁。"我来援救你们。胡贝。"

所有这一切，证明了德国法西斯统帅部对已陷入科尔孙—舍甫琴柯夫斯基大包围中的部队的命运焦急不安。电报倒是发了，而德军的态势越来越坏。

乌克兰第一、第二方面军在合围的对外正面上完成合围和抗击德军坦克冲击的同时，在合围的对内正面积极实施进攻行动，以分割和消灭德军的被

战场上炸毁的坦克（油画）

围部队。

乌克兰第一方面军第二十七集团军和乌克兰第二方面军第五十二集团军、近卫第四集团军、骑兵第五军，虽然在兵力上只略占优势，但他们勇敢进攻，从各方面实施突击，把被围集团肢解并互相隔断，而后夺取一些独立支撑点，消灭守备部队。

近卫第四集团军和第五十二集团军部队抗击德军来自布尔特、维佐沃克地域的反冲击，从东面、南面和西南实施突击，切断了威胁苏军两翼的戈罗季谢突出部，粉碎了德军的进攻，解放了戈罗季谢。

在布基以北的德军各坦克师准备向利相卡方向实施反突击的同时，施特默尔曼按照曼施坦因的命令变更兵力部署，准备以步兵第四十二军从斯捷布列夫、塔拉夏地域向西南方向实施突击，其任务是突围。

因此，德军步兵第十一军奉命从戈罗季谢突出部向斯捷布列夫地域撤退。下这一命令是由于苏军进攻对防守戈罗季谢突出部的步兵第十一军与德军其他集团造成割裂的现实威胁。但是，在当时的情况下，这个决心是难以实现的。苏军对德军戈罗季谢集团的突击不断增强，他们能够向科尔孙—舍甫琴柯夫斯基撤退的走廊越来越窄。

步兵第十一军从戈罗季谢地域向科尔孙—舍甫琴柯夫斯基的撤退，是在2月7日夜间开始的。当时，苏军在科罗捷耶夫、斯米尔诺夫和谢利瓦诺夫等将军的指挥下，继续对德军实施不间断的突击。炮兵从东、西、南三个方向射击戈罗季谢地域。航空兵从空中对退却的德军实施突击。

所有的道路都被大车、汽车、装甲汽车、火炮堵塞了。每座桥梁和每条隘路也都被一大堆一大堆的技术装备阻塞了。

第二十七集团军在斯捷布列夫地域的对内正面击退了德军强大的冲击。

战斗十分激烈。德军死守每个地区，每个居民地。但苏军一步一步摧毁了德军猛烈的抵抗，稳步向前推进，并将铁钳中的被围集团越夹越紧。

2月8日至10日，德军开始了旨在突围的坚决冲击。这时，在对外正面上苏军正与企图援救被围者的坦克重兵进行激战，很明显，德军的这一切行动

在于沿利相卡、申杰罗夫卡最短方向突破合围圈并达到会合的目的。

2月10日，科涅夫下了最后决心，将近卫坦克第五集团军从合围的对外正面调至利相卡地域的突破走廊，其任务是，不让被围集团在两个方面军的接合部突围并与对外正面进攻的德军坦克集团会合。

科涅夫命令罗特米斯特罗夫的坦克兵，以及斯米尔诺夫和科罗捷耶夫的部队去完成这一任务。因为近卫坦克第五集团军的机动是经过计算的，所以这一机动顺利地实现了。

在苏军地段的合围对外正面上，即在第五十三集团军行动地段上，在这些日子里，德军的冲击也被苏军击退了。

为了完成战斗任务，近卫坦克第五集团军于2月11日前，将坦克第二十九军集结在克尼亚日耶—洛佐瓦特卡地域，将坦克第十八军集结在米哈伊洛夫卡，将坦克第二十军集中在兹韦尼戈罗德卡。

为了沿格尼洛伊季基奇河占领防御阵地，2月12日，前出至十月城、利相卡、迈达诺夫卡、兹韦尼戈罗德卡地段的近卫第四集团军部队有：步兵第四十一师，近卫空降兵第七师，步兵第六十九、第一一〇和第三七五师，从而可靠地保障了两个方面军的接合部，免遭德军坦克集团从鲁巴内莫斯特，里济诺地域向利相卡突围。

为了加强乌克兰第一方面军第二十七集团军行动的斯捷布列夫、申杰罗夫卡方向，即合围的对内正面，2月11日4时30分，科涅夫命令近卫骑兵第五军军长谢利瓦诺夫将军将该军来一个180度的大转弯，即转向西面，转向申杰罗夫卡。该军骑兵第六十三师执行命令，于2月12日晨进抵格尼洛伊季基奇河，前出至波恰平齐地域。军主力集中在苏希内、格尼列茨、茹罗夫卡地域，与第二十七集团军、近卫第四集团军和近卫坦克第五集团军建立了联系。

采取这一切措施，是为了保障合围的对外正面和对内正面上两个方面军的接合部，防止德军被围集团可能向西南实施的突破。

2月11日晨，德军以200辆坦克和步兵的兵力，冲击坦克第六集团军部

队，在克服乌克兰第一方面军部队的顽强抵抗后，到日终前，前出至弗兰科夫卡、布然卡一线。

同时，施特默尔曼将军仓促地建立了一个突击集团。从2月12日早晨起，该集团在乌克兰第一方面军第二十七集团军地段上转入进攻，从斯捷布列夫地域向申杰罗夫卡实施突击，指望突破正面并与自己向利相卡实施突击的部队会合。

德军孤注一掷，不顾损失地投入了战斗。在第二十七集团军地带内，德军得以突破防御，并于日终前占领了希利基、申杰罗夫卡和新布达。此时，德军被围集团与对外正面上进攻的德军之间的距离缩短到12公里。

苏联最高统帅部大本营因德军的突围而表示不安，2月12日12时左右，最高统帅通过高频电话与科涅夫通话。

科涅夫报告说："请放心，斯大林同志。被围之敌逃不了。我们方面军已采取了措施。为了保障与乌克兰第一方面军的接合部，为了把德军赶回合围圈，我已经命令近卫坦克第五集团军和骑兵第五军向已形成的突破口地域推进。他们正在顺利完成任务。"

斯大林听了科涅夫的话，又将处于突破口地域的乌克兰第一方面军第二十七集团军转隶给科涅夫指挥，命令他一定扎紧口袋，消灭包围之德军。

接受命令后，科涅夫立即飞往位于突破走廊的近卫坦克第四集团军指挥所，以采取紧急措施完成大本营交给的任务。

科涅夫一到斯米尔诺夫将军的观察所，第一件事就是召见集团军通信兵主任和方面军司令部的通信代表，命令他们采取紧急措施，沿突破走廊与第二十七集团军司令员特罗菲缅科将军的观察所建立直接通信联络，然后，给各集团军规定了消灭被围之德军的新的作战任务。

方面军的所有集团军接受任务后，立即采取积极而神速的行动，分割和消灭德军。到2月13日清晨，无论是在对外正面，还是在对内正面，苏军的态势都是相对稳定的。军队继续积极行动，压缩和分割德军被围集团，并在对外正面击退了德军的多次激烈冲击。

第二次世界大战著名英雄

在合围的对内正面上，乌克兰第二方面军部队向前推进，压缩合围圈，于2月14日解放了德军强大抵抗枢纽部——科尔孙—舍甫琴柯夫斯基城。2月14日和15日，苏军顺利地击退了德军旨在进一步向西南推进的多次冲击。到2月15日，解围的德军力量耗尽，被围各军收到自行向南方向突围的命令。德军随即下令销毁没有装载弹药的所有汽车和大车。司令部的所有文件和军官的私人东西均被焚毁。德军第十一军司令部的军官聚集起来编成一个战斗组，人数约有一个连。指挥这个连的是施特默尔曼将军本人。他宣布说，"由于所形成的情况，再不能留在合围圈了，我们应该自己向西突围。"

到2月17日早上，德军集团已被全歼。施特默尔曼将军在2月16日夜间的突围过程中被击毙，人们在米尔任齐镇附近的战场上发现了他的尸体。就这样，科尔孙—舍甫琴柯夫斯基战役以彻底歼灭和俘虏被围德军集团而告结束。

2月18日，苏联首都莫斯科隆重鸣放礼炮，向科涅夫和乌克兰第二方面军部队致敬。这场大捷使科涅夫得以在苏联卫国战争中继朱可夫、华西列夫斯基和斯大林之后第四位荣获苏联元帅军衔。

攻占柏林
取得卫国战争胜利

科尔孙—舍甫琴科夫斯基战役之后，由于春季解冻的雪水融化，使苏联南方成为泥泞的海洋，德军以为在这种天气里，苏军的坦克机械化部队无法行动，而且经过冬季的苦战后，红军也必须休整，难以开展新的攻势。他们希望能通过这段宝贵的时间获得喘息的机会，以重整旗鼓。

但苏军不想给德军喘息的机会，而且苏军T-34坦克的履带比德军坦克宽，能在泥泞中行驶自如。同时，美国援助苏联的大量卡车具有比德国军用车辆更出色的越野性能，更重要的是苏军在经过整个冬季的激战之后，仍然具有饱满的精神和高昂的士气。

因此，虽然气候条件恶劣，道路泥泞难行，苏军仍在南方发动了声势浩大的春季攻势，3个乌克兰方面军以摧枯拉朽之势席卷南部战场。科涅夫指挥的乌克兰第二方面军攻势凌厉，发起了乌曼—博托沙尼战役，尽管无边的泥泞使苏军的T-34这样出色的坦克也时常陷入泥中，汽车和大炮更难以前进，只能用人力推动，但科涅夫的大军还是在短短一月内挺进了200~600公里。

在苏军的神勇进攻面前，德军丢下陷在泥中的坦克、大炮和车辆，依靠骑牛或步行，狼狈地从乌克兰逃走。科涅夫部队在进攻中毙俘德军8万余人，冲入德国"南方"集团军群在文尼察的总部和补给中心，击毁和缴获600辆坦克和220辆装甲车。

1944年3月底，苏军前锋部队进入罗马尼亚境内。这是苏军在卫国战争中首次前出到国境线。消息传出，苏联举国振奋，首都莫斯科以最高等级的礼炮——324门火炮齐鸣24响，庆祝这一重大事件。德军的南方战线在3个

乌克兰方面军排山倒海的进攻之下迅速崩溃，曾是德军显赫战将的德军"南方"集团军群总司令曼施坦因和"A"集团军总司令克莱斯特为此双双被希特勒免职。

乌克兰战役结束时，由于瓦图京大将于1944年2月28日被乌克兰民族主义者伏击，不幸去世，战功显赫的科涅夫元帅奉命把两个方面军合并为一个新的部队。

这时的苏联乌克兰第一方面军是苏军最强大的方面军，兵力达120万人，拥有2050辆坦克和自行火炮，3250架飞机。科涅夫的下一个目标是粉碎德军最强大的"北乌克兰"集团军群。该集团军群有90万人，900辆坦克，700架飞机。在苏德战争中，这还是红军首次单独以一个方面军对德军一个集团军群，这表明红军的威力在战争过程中得到极大提高。

7月14日，科涅夫发动了史称利沃夫—桑多梅日战役的攻势。科涅夫在这次战役中再次显示了他的能攻善战和指挥大兵团作战的卓越才干。他大胆地将方面军编成内90%的坦克和自行火炮集中在主要突击方向，对德军形成强大优势。

按照计划，在卢布林方向上实施突击的苏军白俄罗斯第一方面军左翼部队配合乌克兰第一方面军的行动。科涅夫的计划是首先围歼德军布罗德集团，然后围歼利沃夫集团。

德军主要防御地带绵密的堑壕和大量的交通壕，非常密集的火器，完备的火力配系，这些都要求对其主要防御地带实施认真的火力准备。所以科涅夫给炮兵下达的任务是消灭德军第二道和第三道堑壕中的有生力量及技术兵器，摧毁浅近防御纵深的支撑点，压制德军阵地上的迫击炮和炮兵。

进攻开始后，苏军步兵在强大炮火支援下，经英勇奋战在德军坚固防御体系上打开了一条长18公里、宽4~6公里的突破走廊。这样狭窄的走廊本来并不适合坦克部队进入，应等待步兵将其向两翼扩展后，才能投入坦克兵团发展攻势，但拖延下去德军就有调来援军反击的可能。

7月16日早上3点钟，近卫坦克第三集团军司令雷巴尔科将军打电话给科

涅夫。他报告了第六十集团军部队和在比较狭窄的正面上前出至佐洛切夫地域的各旅先遣支队的战果，并请求允许他将坦克集团军主力投入战斗。科涅夫毫不犹豫地同意了。

7月16日傍晚，雷巴尔科将军的几个军已前出至佐洛切夫东北地域，而集团军先遣支队前出到了佩尔捷夫河。

在预感到布罗德集团有遭合围的危险后，德军开始将步兵和坦克重兵往所谓的"科尔图夫走廊"以南集中。从7月17日早上起，他们进行了一系列的反冲击，以消除已经形成的突破口，并截断近卫坦克第三集团军的交通线。

如果这条走廊被截断，对苏军可能出现不利后果。科涅夫当机立断，在第六十集团军占领佐洛切夫后，将坦克第四集团军也投入战斗。命它从近卫坦克第三集团军左翼旁边进入突破口，并迅速向戈罗多克方向，即利沃夫以西30公里发展进攻。同时，命令第四集团军司令员列柳申科将军从南面迂回它，切断德军向西南和向西的退路。

苏军强大的坦克兵团雷霆万钧般地进入突破口后，德军的防线迅速崩溃。7月22日日终前，集团军主力在利沃夫南郊展开了战斗，而其近卫坦克第十志愿军突入了市区。

从7月24日起，苏军对利沃夫展开了向心突击。第六十集团军部从东面和东北面发起进攻。近卫坦克第十军在城内进行战斗。近卫坦克第三集团军的近卫坦克第六军，前出至利沃夫以西的亚沃罗夫地域。

德军只剩下一条通往西南桑博尔的退路。在7月24至26日几天里，在通往利沃夫的接近地上，苏军和德军进行了激烈的战斗。德军依靠工程构筑完备的阵地，并利用有利的防御地貌，企图阻止苏军发展胜利。7月26日，第六十集团军部队夺取了一系列支撑点，并在利沃夫郊外展开了战斗。波卢博亚罗夫将军的近卫坦克第四军部队，在沿米克拉舒夫—利沃夫公路作战时，于7月26日23时，突入该市东郊，与坦克第四集团军的近卫坦克第十军会合。

7月26日日终前，德军指挥部开始向西南方向撤退利沃夫集团的部队。为了使城市免遭破坏，7月27日拂晓，苏军近卫坦克第三集团军部队从西面转入

了对利沃夫的进攻，而第六十集团军步兵第二十三军部队从北面，第二十八军从东面，第一〇六军从东南面发起了冲击；坦克第四集团军的近卫坦克第十军继续在市内进行激烈的战斗。第三十八集团军在利沃夫以南进攻。

7月27日早上，乌克兰的州中心之一，重要的道路交叉点、重要的工业和文化中心——利沃夫，从德国法西斯占领者的手中获得解放。被粉碎的德军部队匆忙向西撤退。

几乎在解放利沃夫的同时，近卫坦克第三集团军，以及近卫坦克第一集团军第五十三和第二十二旅部队，于7月27日以夜间强攻夺取了佩列梅什利要塞。雅库鲍夫斯基上校指挥的近卫坦克第三集团军的部队从南面迂回冲击佩列梅什利。

在右翼，乌克兰第一方面军部队继续向维斯瓦河进攻。

7月27日日终前，戈尔多夫将军的近卫第三集团军部队和索科洛夫将军的骑兵机械化集群，在维尔科瓦兹、克拉希尼克、亚斯特科维采、尼斯科一线进行战斗，左翼兵团已前出至桑河。第十三集团军、近卫坦克第一和第三集

苏军在战场上（二战模拟场景）

团军，以及巴拉诺夫将军的骑兵机械化集群，在尼斯科、索科武夫、普热沃尔斯克、德努夫、弗雷德罗波尔、栋布罗米尔以西一线粉碎德军，可靠地保障了在桑河上的登陆场。

科涅夫的部队在宽大正面上从行进间渡过了桑河。方面军中央各集团军则开始追击着向喀尔巴阡山脉撤退的德军部队。

由于利沃夫地域的德军被粉碎，以及它失去了俄罗斯拉瓦、利沃夫、佩列梅什利，弗拉基米尔—沃伦斯基等城市，"北乌克兰"集团军群部队不仅遭到了重大损失，而且被分割成两部分。其中一部分，无望地企图以部分分散的兵团进行抵抗，急速地向维斯瓦河奔去。第二部分由德国坦克第一集团军和匈牙利第一集团军各兵团组成，兵力约为20个步兵师和3个坦克师，向西南方向喀尔巴阡山脉撤退，因为经佩列梅什利向西的道路被苏军近卫坦克第三集团军和坦克第四集团军部队切断了。

此时，在德国坦克第一和第四集团军之间，出现了一个宽约100公里的缺口。在这里作战的只有一个预备警卫团，若干作业营和其他小股部队。

这个缺口是在合围并粉碎德军布罗德集团之后形成的。苏军利用这一有利形势，以右翼部队迅速向维斯瓦河进攻。

这时，出现了对右翼各集团军向维斯瓦河和桑多梅日快速进攻，以及左翼各集团军向德罗戈贝奇方向发展胜利，和在喀尔巴阡山脉的山前地带粉碎德军坦克第一集团军和匈牙利第一集团军的有利态势。苏军现在的任务是把德军紧逼至喀尔巴阡山脉，在那里将其歼灭。

为了在维斯瓦河建立防御正面，德国法西斯统帅部开始向这里调遣第十七集团军的指挥机关，从"南乌克兰"集团军群中调来坦克第二十三和第二十四师，从战线的其他地段上调来两个步兵师和坦克第二十四军的指挥部，从德国调来两个师和一些独立部队。德军统帅部企图用这些兵力阻止苏军强渡维斯瓦河和维斯沃卡河。

鉴于这一态势，苏联最高统帅部大本营在7月27日的训令中重申，乌克兰第一方面军部队的基本力量应集中在自己的右翼，用于夺取维斯瓦河西岸桑

多梅日—维斯沃卡河口地段上的登陆场。

大本营指出，这一任务应在同白俄罗斯第一方面军部队的密切协同下完成，当时，他们受领了夺取华沙以南登陆场的任务。在维斯瓦河上建立两个方面军的协同动作，会在柏林战略方向上建立起强大的统一的苏军集团。

在左翼，科涅夫于7月27日5时50分，命令近卫第一集团军司令员以主要兵力，向霍多罗夫、德罗戈贝奇方向实施急遽突击，于7月29日日终前夺取德罗戈贝奇，并前出至杜布利亚纳、斯科列一线。

7月27日，近卫第一集团军部队于日终前前出至戈罗季谢、霍多罗夫、沃伊尼卢夫、格拉布夫卡一线。这一天，第十八集团军部队右翼推进约20公里，于日终前在克拉斯纳以东、亚布翁卡一线展开了战斗。

为了充分利用利沃夫方向取得的战役成果，粉碎德军斯坦尼斯拉夫集团，科涅夫命令坦克第四集团军进行强行军，于7月28日早晨前出至桑博尔地域，从那里实施急遽突出，于日终前夺取德罗戈贝奇和鲍里斯拉夫，以便同近卫第一集团军一起粉碎德军，阻止其向西北桑河对岸撤退。在此之前，近卫第一集团军右翼已前出至霍多罗夫地域。然而，由于德军在德涅斯特河和德罗戈贝奇地域加强了抵抗，坦克第四集团军未能完全完成受领的任务。

格列奇科将军的近卫第一集团军和茹拉夫廖夫将军的第十八集团军继续追击德军，向喀尔巴阡山脉推进。德军利用得到坦克加强的重兵后卫，在有利的天然地区进行顽强抵抗。

近卫第一集团军部队行动坚决，在第十八集团军的协助下，于7月27日解放了喀尔巴阡地区的州中心斯坦尼斯拉夫。

解放该市后，第十八集团军主力部队向奥特尼亚、博戈罗恰内方向发展进攻，同时，以部分兵力在帕谢奇纳、多拉和奥斯拉夫—比亚列以南地域，进行争夺喀尔巴阡山脉山前地带通道的战斗。7月26日日终前，第十八集团军各兵团在博戈罗恰内、茹拉基、帕谢奇纳、多拉一线，而后在原先的地区进行战斗。

德国法西斯统帅部在利沃夫以东战败，以及近卫坦克第三集团军各兵团

前出至利沃夫以西之后，7月24日，决定从这一地域将其部队往西南方向撤退。科涅夫认为，德军可能在德罗戈贝奇和鲍里斯拉夫地域，集结一个由从利沃夫和斯坦尼斯拉夫地域撤退下来的部队组成的重兵集团。因此，他要求近卫第一集团军和第十八集团军，加快追击退却之敌的速度，尽快夺取西乌克兰产油区——德罗戈贝奇和鲍里斯拉夫两座城市。

为了阻止苏集团军的推进，德军在部分地段转入了猛烈的反冲击。德军以约2个步兵团的兵力，在40辆坦克的支援下，多次进行反冲击。于7月28日逼退了苏军步兵第三十军部队，夺取了卡卢什市。经过顽强战斗，近卫第一集团军部队又于7月29日重新占领该市。7月30日日终前，集团军部队经过三天英勇战斗，推进8~15公里，并在罗兹多尔、茹拉夫诺、兹博拉、拉胡夫一线战斗。

苏军第十八集团军主力在7月28日至30日期间，不停地追击德军，于7月30日夺取了多利纳铁路车站，切断了经喀尔巴阡山脉通往匈牙利平原的道路。

德国法西斯统帅部通过在德涅斯特河的顽强防御和反冲击，竭力将遭受重大损失的利沃夫和斯坦尼斯拉夫集团，沿着他们剩下的一条经德罗戈贝奇、桑博尔、萨诺克的最方便的道路，撤过桑河。

从7月31日到8月4日的5天时间里，德军为了保障其坦克第一集团军各部队向西和西南方向撤退，以大约5个师的兵力，其中包括德军坦克第八师和匈牙利坦克第二师，进行反击，企图打通通往匈牙利平原的多利纳——柳德维库夫卡道路。

在四天的激战中，德军多利纳集团被打得一败涂地。8月4日，德军开始被迫从多利纳—博列霍夫地域向西和西南方向撤退。

苏军近卫第一集团军在坦克第四集团军和第三十八集团军部分兵力的协同下，继续进攻，于8月5日夺取了重要的道路交叉点斯特雷市。8月4日，苏军第十八集团军部队，打败了德军在维戈达、多利纳地域的抵抗，战斗向西推移，于8月5日强渡过希维察河。

这样，从7月19日至28日，乌克兰第一方面军部队顺利完成了它面临的全部任务。德军"北乌克兰"集团军群遭到惨重失败。

8月29日，乌克兰第一方面军各部队转入全线防御。至此，利沃夫—桑多梅日战役结束。在战役过程中，苏军击溃德军32个师，彻底歼灭德军8个师。德"北乌克兰"集团军群被粉碎。仅在7月后半月，德军被打死、打伤和被俘的官兵就有20万名左右。同时，苏军缴获了大批战利品：各种口径火炮2200余门，坦克500辆，汽车10000辆，火车车厢666节，军马12000匹，各种仓库近150座。

乌克兰第一方面军司令员科涅夫将军因实施利沃夫战役而荣获"苏联英

正在冲锋的战士（二战模拟场景）

雄"称号。苏联大本营寄往前线的信中这样写道：

> 为表彰您在与德国侵略者的斗争前线出色地完成最高统帅部所赋予的战斗任务，以及所表现的大无畏精神和英雄气概，1944年7月29日苏联最高苏维埃主席团颁布命令，授予您苏联英雄称号、列宁勋章和金星奖章。

1945年1月，在利沃夫—桑多梅日战役结束后，科涅夫又率领乌克兰第一方面军，同朱可夫指挥的白俄罗斯第一方面军从各自在维斯瓦河的登陆场向希特勒德国发起了最后的强大攻势，直指第三帝国的巢穴柏林，这就是第二次世界大战中最壮观的维斯瓦河—奥得河战役。

苏联这两个方面军共有220万人，7000辆坦克和自行火炮，5000架飞机，33500门火炮和迫击炮，其中乌克兰第一方面军拥有110万人，3244辆坦克和自行火炮，2582架飞机，16000门火炮和迫击炮。

这两路大军原定在1月20日发动攻势，但由于德军在阿登展开了强大进攻，使英美军队的战线陷入危急之中，西方盟国紧急向苏联呼救，因此苏军最高统帅部下令攻势提前在1月12日进行。

在风雪交加的恶劣天气里，苏军将无法得到航空兵的支援，只能依靠炮兵和坦克进行突破。但是战役开始后，苏军的进攻威力丝毫未曾降低，原因是科涅夫素来重视炮兵突击，早在战役的准备阶段，他就亲率各集团军司令员、军长、师长们察看了整个战场前沿，在突破方向集中了强大的炮兵集团，每公里正面的火炮密度达到250~280门，有的地段甚至达到300门。进攻开始后，苏军炮火的猛烈程度有如山崩地裂，虽然炮火准备只持续了1小时47分钟，德军却感觉似乎不下5小时。

苏军空前的炮火威力，使德军完全失去控制，纷纷擅自脱离阵地向后溃逃。苏军在第一天就突破了德军的主要防御地带，科涅夫不给德军任何喘息和反击的机会，在当天中午就下令两个坦克集团军进入突破口发展进攻，迅

速击溃了德军。

德国将军蒂佩尔斯基希在其《第二次世界大战史》一书中描绘这场进攻说：

> 突破是如此猛烈，它不仅打退了第一梯队的师，而且打退了很强的快速预备队……深深楔入德军战线的兵力如此之多，以致要消灭他们，哪怕是限制一下他们都已不可能……俄国军队很快将其坦克兵团投入了打开的缺口，其主力开始向尼达河推进……

另一位德国将军梅林津也评论说：

> 俄国人的进攻以前所未有的威力和速度发展着。很清楚，他们的最高统帅部已经完全掌握了组织大量机械化集团军进攻的方法。

科涅夫的方面军向前长驱直入，与朱可夫的方面军一起，在23天中向前神速挺进了600公里，扩大突破近1000公里，渡过奥得河并在对岸占领了战役登陆场。在23天的作战中，仅乌克兰第一方面军就俘敌官兵43000人，歼敌15万余人，缴获300多辆坦克和200多架飞机。

科涅夫在神速的进攻中，还以巧妙的机动完整地夺取了西里西亚工业区，这是欧洲居鲁尔区之后的第二大工业区。他的大军越过奥得河后并未停息，而是一鼓作气地又打到尼斯河，与朱可夫大军一起对德国首都柏林形成威逼态势。

斯大林原来的意图是让红军统帅中最有声望的朱可夫指挥白俄罗斯第一方面军占领柏林，但由于德军向首都集结百万重兵，摆出了全力固守的架势，因此有必要让科涅夫指挥的乌克兰第一方面军也加入柏林方向作战。

由谁的部队攻占柏林，成为摆在斯大林面前的难题，因为这两人都是战

功赫赫。他踌躇再三，最后决定让这两位统帅进行竞争，谁的部队最先打到柏林，就让其攻占柏林。

4月16日，进攻柏林的战役开始后，朱可夫的白俄罗斯第一方面军在第一天中就发射了123万发炮弹，这是迄今为止东线的最猛烈炮火，令德军的幸存者们日后无不谈虎色变；而科涅夫的乌克兰第一方面军稍后开始的炮火准备，比白俄罗斯第一方面军更为猛烈，以致当毁灭性的炮火准备停止后，许多德军士兵甚至小分队都不顾指挥部的死守命令，纷纷溜之大吉。

凭借压倒一切的炮火威力和强击机撒布的烟幕掩护，科涅夫的大军顺利地渡过了尼斯河，突破了德军防线，并打退了德军以大量坦克进行的反冲击。科涅夫命令他的两个坦克集团军司令员：脱离方面军的主力部队，更大胆地向战役纵深挺进，不要顾及后方，因为他本人作为方面军司令员，将在他们身后亲自保障其后方的安全。

随后，科涅夫接到斯大林的电话，最高统帅告诉他，朱可夫的部队遇到德军的顽强抵抗，进攻受阻，询问是否可以将朱可夫的两个坦克集团军调过来，通过他的方面军打开的缺口向柏林方向突击。

科涅夫认为这将造成很大混乱，他这里战事发展顺利，没有遇到德军十分强大的阻击，他完全可以用自己手中的两个坦克集团军向柏林进攻。斯大林表示同意，让他把坦克集团军转向柏林。

接完电话后，科涅夫立即向两个坦克集团军司令下达命令，让他们向柏林方向迅猛发展进攻。两个坦克集团军接令后，立即风驰电掣地杀向柏林，于4月22日进抵柏林城郊。4月25日，乌克兰第一方面军同白俄罗斯第一方面军在波茨坦胜利会师，将柏林完全包围，并在当天进抵易北河畔，同美军实现了历史性的"易北河会师"。

柏林之战震撼了德军，各路德军在首都陷落后大都停止抵抗，只在捷克境内还有一个德军强大集团拒不投降，这就是费迪南德·舍尔纳指挥的"中央"集团军群，它拥有近50个精锐师，总数近90万人。

苏军最高统帅部命令科涅夫强大的乌克兰第一方面军主力迅速向捷克境

内出动，与乌克兰第二、第四方面军一起会歼该敌。科涅夫以最快速度将他的部队从柏林的废墟中撤出，重新进行部署，随着他一声令下，乌克兰第一方面军以10个坦克军、1600辆坦克向南方勇猛进击。

5月6日早晨，各集团军先遣支队发现了两个非常重要的情况。一是德军占领的不是绵亘防御阵地，而是由若干枢纽部、抵抗中心和支撑点组成的防御阵地。二是德国法西斯指挥部尚未发现苏军突击集团在易北河左岸，德累斯顿以西及西北方向集结。

14时，在实施强大的炮火准备后，普霍夫和戈尔多夫各集团军转入了进攻。雷巴尔科和列柳申科的坦克集团军也在同时向前推进。

这一整天，德国法西斯军队进行了殊死的反抗。夜间，苏军只推进了10~12公里。但在普霍夫的第十三集团军的地带内和戈尔多夫的右翼，苏军向前推进了23公里。这时，坦克兵暂时还在几个诸兵种合成集团军的战斗队形中行动。

18时，德军布雷斯劳城防司令官尼克戈夫将军，深知继续抵抗毫无希望，于是，带领4万名守备部队投降了。

不久，在苏军的左翼科罗夫尼科夫第五十九集团军的当面，突然发现德军开始撤退。第五十九集团军司令员科罗夫尼科夫马上组织追击，到傍晚，其部队推进了7公里。

5月7日，苏军主突集团部队沿易北河西岸向南推进越来越远，日终前，到达鲁德内山脉主山脊的北坡前。

这一天，戈尔多夫近卫第三集团军夺取了迈森及其著名城堡，以及一座出名的瓷器工厂。为了完整无损地夺取这座最古老、最漂亮的德国城市，戈尔多夫采取了一切措施。

在苏军的突击集团右翼、外翼，即普霍夫和列柳申科集团军以其神速的进攻席卷德军，不让德军有机会占领防御阵地，而只能停留在沿捷克斯洛伐克边境修筑的永备工事地带，从两侧控制住山口。

当天，按照大本营的总计划，马利诺夫斯基元帅指挥的乌克兰第二方面

军部队也转入了进攻，并从东南方向迂回布拉格。乌克兰第二方面军舒米洛夫指挥的近卫第七集团军和克拉夫琴科上将指挥的近卫坦克第六集团军，迎着乌克兰第一方面军前进，以包围舍尔纳集团。同时，叶廖缅科大将指挥的乌克兰第四方面军部队，从东面向南推进，在通往布拉格的道路上，解放了捷克斯洛伐克一片又一片新的地区。

5月8日拂晓，在列柳申科集团军的作战地带，叶尔马科夫少将指挥的近卫机械化第五军，夜以继日地快速向前推进，他们消灭了沿途遇到的一切德军，在布拉格西北的亚罗梅日和扎泰茨之间，从行进间竟然粉碎并消灭了企图逃往美军那里的舍尔纳元帅的"中央"集团军群司令部。

从那时起，苏军部队一支又一支地进入了捷克斯洛伐克领土。捷克人民以加盐面包和鲜花欢迎他们。

就在这一天，扎多夫的近卫第五集团军，在戈尔多夫、雷巴尔科集团军和波兰人民军第二集团军部队的协同下，完全占领了德累斯顿，并从行进间又推进了25公里。

20时，科涅夫命令用电台向驻在捷克斯洛伐克西部领土上的所有德国法西斯军队广播，敦促他们无条件投降。同时，也给乌克兰第一方面军的所有集团军司令员下达了指示：假如再过3小时，也就是说，到5月8日23时前，希特勒军队还不投降，就继续军事行动，对其实施坚决突击，彻底消灭他们。

为防止法西斯将领和其他纳粹战犯从空中逃跑，科涅夫要求苏军部队，在进攻中，首先占领机场和起飞场。为此，还派出了由坦克、装甲车和乘坐汽车的步兵组成的特种快速支队。

3小时过去了。但是，德国法西斯指挥部一直都没有回音。

23时整，方面军部队按照命令，对德军进行了猛烈射击，并恢复了进攻。向前推进的不仅有主突集团和辅助突击集团的各集团军，而且还有方面军的全部12个集团军，直至最左翼的集团军。他们在不同的时间发起进攻，但到日终前，方面军中央和左翼的7个集团军都前进了20~30公里。

到5月8日早晨，斯维尔切夫斯基将军的波兰人民军第二集团军和科罗捷

耶夫、沙夫拉诺夫、古谢夫、科罗夫尼科夫等将军的各部队，推进了15~20公里，肃清了捷克斯洛伐克边境及其境内许多城市里的德军。

从发起进攻起，苏军航空兵共出动飞机4000架次，其中三分之二是5月8日出动的，主要对企图从布拉格向西撤退的德军部队实施了空中突击。航空兵的行动制止了德军沿尚未被苏军坦克兵切断的道路的运动。

为了突进布拉格，苏军列柳申科集团军的近卫乌拉尔第十志愿军的坦克，以难以置信的速度，奔袭80公里，首先从西北进入布拉格。紧随其后从北面进入该市的是雷巴尔科集团军机械化第九军的坦克兵。而总共只过了几小时之后在布拉格郊区已出现了诸兵种合成第十三和近卫第三集团军的先遣部队。近卫第五集团军部队的主力，在消灭了布拉格东北的德军集团后，其先遣部队也前出至布拉格北郊。5月9日上午10时前，布拉格被乌克兰第一方面军部队完全占领，并肃清了市内的德军。

13时，乌克兰第二方面军部队在布拉格东南35公里处与乌克兰第一方面军列柳申科的近卫坦克第四集团军的部队会合。

乌克兰第四方面军的快速集群，快速追击退却之敌，其主力部队于5月9日18时前也抵达了布拉格。

对拒绝放下武器的驻捷德军集团的合围圈合拢了。陷入这次大包围中的有混乱和失去指挥的舍尔纳集团军群的50多万名官兵。现在，他们除了投降之外，已无别的出路。

布拉格解放了。一支又一支游行队伍行进在大街上。为庆祝布拉格的解放，苏联首都以324门火炮的24次齐射，鸣放了苏德战争中最后一次庆祝战功的礼炮。几个小时后，莫斯科以1000门大炮齐鸣30响，庆祝卫国战争的胜利。

英雄赞歌

第 二 次 世 界 大 战 著 名 英 雄

罗科索夫斯基

　　康斯坦丁·康斯坦丁诺维奇·罗科索夫斯基，苏联元帅，军事家。在苏联卫国战争期间，指挥或参与指挥过的重大战役包括斯摩棱斯克会战、莫斯科会战、斯大林格勒会战、库尔斯克大会战、白俄罗斯战役、东普鲁士战役、东波美拉尼亚战役等。他头脑冷静沉稳、处乱不惊，在卫国战争中的逆境中屡建战功，被后人誉为"逆境英雄"。

战争骤发
率领部队奋勇抵抗

康斯坦丁·康斯坦丁诺维奇·罗科索夫斯基，1896年12月9日出生于俄罗斯大卢基市。1914年加入沙俄军队服役，参加第一次世界大战。1917年十月革命爆发后，罗科索夫斯基加入了红军卡尔戈波尔分队。不久，他被选为副队长。国内战争中，罗科索夫斯基随分队转战南北，为保卫年轻的苏维埃政权，同白军进行了艰苦卓绝的战斗。

1918年9月，红军东方面军第三集团军乌拉尔第三师组建乌拉尔骑兵第一团。罗科索夫斯基担任了骑兵团第一骑兵连连长。1919年3月7日，他加入俄国共产党（布尔什维克）。5月底，骑兵团分编成两个骑兵营，他被任命为乌拉尔独立骑兵第二营的营长，指挥近500名骑兵。

1919年11月，罗科索夫斯基获得他在红军中的第一次奖赏——红旗勋章。次年1月，几个独立骑兵营合并成第三十团，罗科索夫斯基任团长。不久，骑兵第三十团派驻俄蒙边界一带，保卫苏维埃共和国东部边境。

1920年8月，罗科索夫斯基转任步兵第三十五师骑兵第三十五团团长。这个团驻扎在伊尔库茨克，从未参加过战斗。24岁的罗科索夫斯基出色地完成了训练部队的任务。

1921年3月，骑兵第三十五团缩编为骑兵第三十五独立营，罗科索夫斯基随之降任营长。

4月，红军步兵第三十五师被调往贝加尔湖以南，迎击反苏维埃武装温甘伦的入侵。6月初，温甘伦的骑兵向俄罗斯边境重镇热尔图林卡亚发起进攻，将驻守的第二步兵营主力切断并包围起来。罗科索夫斯基的骑兵第三十五营

正处于镇子的右翼侧，作为预备队待命。他根据战场形势，当机立断，命令骑兵出击。他自己一马当先，挥舞马刀冲入敌阵。红军骑兵奋勇冲锋，击退了敌军，为第二营解了围。为此罗科索夫斯基获得第二枚红旗勋章。

不久骑兵营恢复团的建制，他也随任团长。1921年12月，他被调任库班骑兵第五师第三旅旅长。这时内战已经结束。1922年7月，骑兵第三旅缩编为第二十七团，罗科索夫斯基随之降任团长。

1924年9月，罗科索夫斯基进入列宁格勒高等骑兵学校进修。1926年9月，进修班结业后，他被派回外贝加尔。不久被派往蒙古人民共和国担任蒙古人民革命军骑兵第一师的教官。

1928年9月归国后，他被任命为库班骑兵独立第五旅旅长兼政治委员，因战功卓著又获得第三枚红旗勋章。1929年1月，他又进莫斯科伏龙芝军事学院高级首长进修班进修了2个月。1930年起先后任骑兵第七师和第十五师师长。

1932年2月，库班第五旅扩编为骑兵第五师，他升任师长。由于训练工作成绩突出，他荣获了苏联政府的最高奖赏——列宁勋章。1936年年初，他被任命为隶属列宁格勒军区的骑兵第五军军长，离开了服务多年的偏远的外贝加尔地区，来到俄罗斯的古老城市普斯科夫。

1940年5月，苏军对军衔制进行了改革，罗科索夫斯基被授予少将军衔。

1940年下半年，苏联开始组建机械化部队。基辅军区建

罗科索夫斯基元帅

立了几个机械化军。11月，罗科索夫斯基调离了骑兵部队，担任了基辅军区机械化第九军军长。

1941年6月22日凌晨，希特勒对苏联发动了突然袭击，苏德战争爆发。德军越过边界，分三路长驱直入。苏军作战准备不足，仓促应战，无法阻止德军的推进，全面败退。

罗科索夫斯基所在的西方方面军机械化第九军在西南基辅方向上同德军展开了激烈的战斗。6月24日，摩托化第一三一师把强渡斯特尔河的德军先遣部队击退到河的对岸后，在卢茨克及其以南一线作战，使德国人重新向东岸渡河的企图不能得逞。

苏军坦克第三十五师在克列万西南与其面前的德军坦克第十三师交战。苏军坦克第二十师在24日黎明以一个先遣团从行进间攻击正在奥雷卡地区休息的德军坦克第十三师的摩托化部队，给他们以很大杀伤，捉到了一些俘虏，缴获了许多战利品。苏军坦克第二十师构筑工事后，在那一天中多次成功地击退了德军坦克部队的冲击。

25日，罗科索夫斯基的西方方面军机械化第九军在卢茨克、奥雷卡、克列万以南一线与德军第十四师和第十三师的坦克和摩托化步兵进行顽强的防御战。德军力图切断罗夫诺—卢茨克公路并占据卢茨克，苏军英勇反击，使德军的企图未能得逞。直到快近黄昏时德军才开始停止进攻。

26日，遵照集团军司令员波塔波夫的命令，罗科索夫斯基的第九军在杜布诺方向实施反突击。他们左翼的机械化第十九军和右翼的机械化第二十二军也在这一方向上开始进攻。

这3个军联合行动，与强大的德军鏖战了两昼夜。第二十二军受到了德军强大兵力的冲击，损失惨重，向卢茨克东北方向退却。第十九军也遭到来自杜布诺地区之德军的攻击，向罗夫诺退守。

傍晚，机械化第二十二军的坦克师师长来到罗科索夫斯基的指挥所，他情绪沮丧，右手缠着绷带。他报告的声调使罗科索夫斯基气得大声吼叫道："你给我马上住嘴！别再谈你们军的伤亡情况了。第二十二军还在战斗，我

刚刚和塔姆卢奇谈过话，赶紧去找自己的部队，和他们在一起。"

罗科索夫斯基带着司令部的军官小组乘车来到正在进行战斗的坦克第二十师驻扎的小高地。他看到，德军的一个由汽车、坦克和火炮组成的纵队正在从杜布诺向罗夫诺方向运动，而更多的德军士兵的纵队正在从南面向苏军防守的地带进发。

罗科索夫斯基在罗夫诺—卢茨克公路选择了一块地方，命令第九军诺维科夫的三十五师掩护，把坦克第二十师连同它的装备有85毫米新式火炮的炮兵团从左翼调到这里来。他们把火炮安置在公路旁的水沟里，而一部分火炮就摆在路上。德军大批涌来，摩托车在前面，装甲车和坦克紧随其后。

罗科索夫斯基从观察所看到，德军的强大兵力如何向坦克第二十师进攻和他们如何受到打击。苏军的炮兵们等德军靠近了才开炮，随着"轰隆隆"的炮声，公路上霎时堵满了摩托车、装甲车和德军的尸体。但是由于惯性，德军进攻的部队继续向前推进，苏军继续用火炮轰击。德军的损失越来越大，只好后退。诺维科夫利用切尔尼亚耶夫取得的胜利向前推进，占领了前方的小高地。

但不久，苏军的头顶上出现了德军的"容克"轰炸机，飞机飞来一批又一批，对苏军进行了残酷的狂轰滥炸，不过没有给苏军造成伤亡。因为士兵们躲入森林，大炮和坦克进了掩体。

根据抓获的俘虏供称，德国人预先集中了庞大兵力，以突然袭击的方式在苏军第五和第六集团军的接合部突破成功。坦克和摩托化兵团进入突破口后扩大了战果，正在迅速向日托米尔方向继续推进。德军的主要突击是在罗科索夫斯基第九军的南面进行的。情报表明，在德军主要突击方向上作战的苏军的处境非常艰难。

当然，罗科索夫斯基的西方方面军机械化第九军也不轻松。据摩托化第一三一师师长报告说，德军的步兵和坦克击退了他在斯特尔河一线设防的几个团，并在广阔的正面上实施强渡。他们的人数越来越稀少。

但是，在艰辛的战斗期间罗科索夫斯基找到了新的人员补充来源：在克

137

列万附近的森林中当时有不少失去自己部队的战士，他把他们收容并派往自己的兵团，这些战士中有许多人后来在战斗中表现出色。

德国人把所有新锐兵力投入到对付机械化第九军的战斗中来，殊死的战斗一直继续到6月29日。德军未能切断克列万方向上的罗夫诺—卢茨克公路，也未能全部突破第五集团军的防线。

但是，德军通过投入补充兵力迫使科维尔、卢茨克地段的苏军第六集团军右翼退却并强渡斯特尔河。可这并没有使德军免除来自苏军的威胁，亦即第五集团军及其配属的几个机械化军对它的威胁，他们从北面威胁向日托米尔急速前进的德军主要集团的翼侧，使德军指挥机关深感不安。因此，德军发动了不间断的、越来越强大的进攻，想置第五集团军于死地。

6月30日，在日托米尔—基辅方向上苏军第五集团军开始向原先的筑垒地域撤退。苏军的各兵团一边反击德军的进逼，一边采用"运动防御"的方法，从一个地区退往另一个地区。

在沃伦斯基新城，西方方面军机械化第九军击退德军后占据了斯卢奇河沿岸的防御阵地，从两面控制了通往日托米尔的道路。

渡河并经历10天的战斗后，苏军连陈旧的坦克都已所剩无几。尽管战斗中遭受了巨大损失，但苏军依然顽强作战。

由于在这些战斗中的突出表现，机械化第九军的所有师长、许多团长，以及其他指挥员和政治工作人员受到了苏联政府的奖赏。罗科索夫斯基因表现出苏军指挥员的大无畏精神，则荣获了他人生的第四枚红旗勋章。

组建新军

艰难守卫每寸地域

1941年7月10日，德"中央"集团军群向通往莫斯科的必经之地斯摩棱斯克发起进攻。扼守这一地区的苏军西方方面军处境险恶。第十六、第二十集团军和第十九集团军一部陷入德军合围。苏军最高统帅部决定组建几个集团军级的军群，从别雷—亚尔采沃—罗斯拉夫利向斯摩棱斯克方向实施反突击，以扭转斯摩棱斯克战局。

7月14日，罗科索夫斯基奉命将机械化第九军交由副手指挥，自己飞往莫斯科，受领组建新军军群的任务。他只在莫斯科停留了几个小时。大本营告诉他，要在斯摩棱斯克方向形成一片"真空"，军群的任务是不让德军向维亚济马方向推进。

他的军群将由几个师组成。总参谋部派给他几名参谋和几名士兵。这就是他的司令部的全部班底。总参谋部指示他说："从莫斯科到亚尔采沃，沿途你所遇到的部队，统由你收编。具体指示到西方方面军司令部受领。"

当天傍晚，罗科索夫斯基带领他的司令部抵达位于维亚济马以北的卡斯纳的西方方面军指挥部。方面军司令员铁木辛哥元帅指示他在亚尔采沃地域采取军事行动。最后铁木辛哥说："预备队一到，就给你几个师，眼下你只能收编一些部队和兵团。"

7月17日夜间，罗科索夫斯基乘车前往亚尔采沃地域，一路收编了一些被打散或撤下的队伍。在亚尔采沃组建兵团的工作就这样开始了，该兵团的正式名称是"罗科索夫斯基将军集群"。

为了实施指挥，罗科索夫斯基在行进间组建了由15~18名参谋组成的司

令部，其中10人毕业于伏龙芝军事学院并由西方方面军干部处管理。谢尔盖·帕夫洛维奇·塔拉索夫中校成为临时司令部的参谋长。

尽管工作条件差，但司令部仍然正常运转：8辆吉普车，1部电台和2辆拖四联装高射炮的卡车。抵达亚尔采沃附近后，司令部迅速熟悉情况，与这一地区的各部队建立联络，并着手组织防御。

罗科索夫斯基和他的司令部乘汽车从一个地段驶向另一个地段。他们在亚尔采沃以东遇到的第一个兵团是基里洛夫上校的步兵第三十八师，这个师隶属第十九集团军，后撤时与集团军司令部失去了联络。基里洛夫领略过德军在亚尔采沃附近施加的出其不意的压力，竭力进行了防御。

此时，亚尔采沃已经落入德军手里。第三十八师师长基里洛夫上校高兴地说，他终于不是孤军作战了。罗科索夫斯基把一路上收容的人补充了他的各团。人们得知在亚尔采沃地区和沃皮河东岸有抗击德军的部队后，纷纷来投奔，有的是完整的一个分队，有的是指挥人员率领的小组。

不久，由米哈伊洛夫率领的坦克第一〇一师也来到罗科索夫斯基这里。

苏军在战场上（二战模拟场景）

这个坦克师人员不足，只有80辆装甲性能不好的旧坦克和7辆新式重型坦克。但对于罗科索夫斯基来说，这却是极大的支援。师长米哈伊洛夫本人是一名英勇善战的军官，他在哈拉哈河战斗中获得过"苏联英雄"称号。

7月18日，他们前往正在同德军步兵进行顽强战斗的基里洛大的观察所。这一地区的情况比以前在西方方面军司令部预计的要严重得多。首战使罗科索夫斯基了解到，亚尔采沃地区不仅有德军的空降部队，还有更强大的兵力，即从北边迂回斯摩棱斯克的德军坦克第七师冲向这里。

侦察和俘虏的供词证实，在斯摩棱斯克方向行动的德军坦克集群的摩托化部队开始抵达。德军渡过沃皮河后占领了河东岸的登陆场，并努力沿公路向维亚济马方向推进，就是向第十六和第二十集团军后方渡河的方向。

德军的意图是把在斯摩棱斯克地区作战的苏军包围，然后为其沿公路干线突向莫斯科创造条件。

罗科索夫斯基明白，在大本营兵力吃紧的情况下，粉碎当面德军的这些意图的重任就落到了自己新组建的这两个师身上。他们的防御具有线式特征，没有第二梯队。

罗科索夫斯基使用了稍向左边靠后的坦克第一〇一师的两个团作为预备队。这个师的一个摩托化步兵团在右面防守杜布罗沃，在左面防守小城拉吉，在它的地段上还布置了一个反坦克炮兵团。第二四〇榴弹炮团部署在扎莫希耶西南向右稍后一点。

这样，公路干线和铁路在反坦克方面就得到了可靠的保证。步兵第三十八师在亚尔采沃以东沃皮河沿岸防御，坦克第一〇一师的一个坦克团占据了有利的位置，一旦德军沿公路干线突破就进行反冲击。

罗科索夫斯基把这一切向方面军司令员作了报告。他还报告说，根据方面军的命令抵达亚尔采沃的各个师人数极少，有一个师只有260人，另一个师比这更少。由于全体参谋的巨大努力，苏军集群在不间断的战斗过程中得以在短时间内组织抗击德军，不让其向东推进，之后苏军开始转入进攻，在这个或那个地段上打击德国人。

　　法西斯统帅部不断地在亚尔采沃地区集结自己的军队，对罗科索夫斯基将军集群的渡口和战斗队形实施密集的空中突击。德军的火炮和迫击炮的火力也加强了。但是，亚尔采沃地区的森林和步兵挖的堑壕拯救了罗科索夫斯基的部队。在这一地区进行的不间断的、对交战双方都是伤亡惨重的战斗也阻碍了德军向南推进。这是罗科索夫斯基将军集群对西方方面军总的斗争的贡献。这场斗争的目的是阻止德军，使其遭受最大损失，同时不让其对在斯摩棱斯克附近交战的苏军各集团形成包围。

　　在第十六和第二十集团军后方行动、防守第聂伯河各个渡口的利久科夫上校的混成支队有一段时间是在独立作战，随着事态的发展也归属了罗科索夫斯基的军队集群。利久科夫是一位相当出色的指挥员。无论在任何复杂的情况下，他总是信心十足，无所畏惧。几小时后，利久科夫的各分队就击退并消灭了的德军的一个完整的支队。

　　利久科夫上校在战争爆发之前是坦克第三十七师师长，他的支队是由坦克兵组成的，他们一共只有15辆坦克，但这些人都很精干，都是正规军人，受过战斗的洗礼，包括团长萨赫诺和舍别柳克。利久科夫特别赏识萨赫诺少校。在此期间，亚尔采沃一线的战斗昼夜不停。苏军的各部队遭受了巨大损失。罗科索夫斯基在补充各个师和组建分队和部队中困难很大。因为来到集合地点的人以前属于各个不同的部队，把所有这些人组成一个统一的战斗集体并不容易，何况时间也不够。

　　战斗行动的地段一天天扩大。德军投入了补充兵力，苏方也有部队抵达，指挥变得越来越困难。罗科索夫斯基仍然同自己的"车轮上的司令部"一道尽量靠近前沿，此外没有别的选择。

　　7月24日，铁木辛哥报告说："在亚尔采沃地域双方血战三天，伤亡惨重………"27日，铁木辛哥的报告说："亚尔采沃仍被罗科索夫斯基坚守着……"

　　罗科索夫斯基司令部的人员日渐减少。在10天战斗中，司令部的参谋中有一半以上阵亡或受重伤。有一次罗科索夫斯基差点失去参谋长。当时需

要马上去方面军指挥所，罗科索夫斯基不加思索地交待塔拉索夫中校驾驶吉斯—101以代替吉普车出发，而德军飞行员追着这辆指挥车扫射和丢炸弹。后来，塔拉索夫虽然回来了，但浑身到处都是烧伤。

7月下旬的一天，机械化第七军军长维诺格拉多夫带着自己的司令部到罗科索夫斯基这里听候调遣。他的司令部人员齐全。各处应有尽有，装备不错，有电台、司令部汽车、各种设备及正常工作所需的一切。

到7月底，罗科索夫斯基军队集群的状况大大改善，方面军指挥部调了几个坦克营来加强该集群，莫斯科给他们调来一个共产党员营。力量加强后，罗科索夫斯基决定对德军实施突击。他主要使用步兵第三十八师和坦克第一〇一师的兵力，给他们配属了炮兵和坦克，包括10辆KB型重型坦克。

8月初的一天，罗科索夫斯基军队集群通过突击占领了亚尔采沃，强渡了沃皮河，在河西岸占据了有利的阵地。苏军利用这些阵地设防，击退了所有的反冲击。完成了西方方面军给该军队集群下达的"守住亚尔采沃，不让德军向维亚济马突破"的任务。

斯摩棱斯克地区的形势越来越复杂，根据侦察材料和审问在亚尔采沃战斗中捉到的俘虏得悉，德军准备发动新的攻势，旨在切断苏军第十六和第二十集团军的退路。为此，德军打算以坦克第七和第二十师的兵力对苏军在亚尔采沃地区的防御实施突击。

8月8日，斯摩棱斯克被德军占领，铁木辛哥元帅下令撤退。第十六和第二十集团军的各部队顺利地沿着索洛维约夫斯克和拉奇诺渡口退过第聂伯河，并在霍尔姆—日尔科夫斯基、亚尔采沃、叶利尼亚一线加强防御。罗科索夫斯基军队集群协助卢金和库罗奇金将军的部队，在亚尔采沃附近及其以南转入进攻。

法西斯德军统帅部用"中央"集团军群的部队，包括第二、第九集团军和2个坦克集群实施突击时，法西斯统帅部认为，在斯摩棱斯克地区包围并歼灭西方方面军的主力就能结束战役，这一企图没有实现。德军在莫斯科战略方向上所遇到的不是他们所想象的"真空"，而是重新建立起来的坚固的防

线。德军要突破这道防线需要补充兵力和必要的准备时间。

在亚尔采沃，方面军司令员铁木辛哥命令罗科索夫斯基部队集群和第十六集团军合并。合并后的第十六集团军达到6个师，即米哈伊洛夫上校的坦克一〇一师，利夫科夫上校的莫斯科摩步第一师，基里洛夫上校的第三十八师，切尔内绍夫上校的第一五二师，格里亚兹诺夫上校的第六十四师，奥尔洛夫上校的第一〇八师，以及列米佐夫的坦克第二十七旅，一个重型炮兵营和其他部队。集团军在50公里的正面设防，切断斯摩棱斯克—维亚济马的主要公路干线。

德军仍企图突破亚尔采沃方向上的防御。但是，除了遭到重大损失外他们一无所获。第十六集团军的各部队根据需要依靠突围出来的人进行补充。从西向东"去找自己的部队"的人流源源不断：有的来自边境地区，有的来自明斯克……

第十六集团军已经具有强大的力量，越战越勇。德军在进攻中遭受巨大损失后转入防御。到8月中旬，德国人只好沿沃皮河西岸加强防御。

在8月份的下半月，第十六集团军的右面的友邻部队科涅夫将军指挥的第十九集团军发动了进攻战役。这次战役出乎德军意料之外，取得某些具有局部意义的胜利。但是，科涅夫没能突破德军的防御。

方面军司令部那里没有传来令人不安的信号。然而，暴风雨即将来临。它很快就在绝对预料不到的情况下发作。

8月底，苏中央方面军遭到德军围歼，斯摩棱斯克战局更加恶化。9月初，苏最高统帅部再次发动反击，预备队方面军第二十四集团军10个师进攻叶利尼亚，罗科索夫斯基的第十六集团军从北面迂回斯摩棱斯克。

罗科索夫斯基兵力单薄，未能突破德军防御和解放斯摩棱斯克，但是牵制了德军准备用于叶利尼亚战役的大部分预备队，从而协助第二十四集团军收复叶利尼亚并向西推进25公里。

不久，科涅夫被任命为西方方面军司令员，卢金从他那里接收了第十九集团军，叶尔沙科夫将军指挥第二十集团军。在这之前，在叶尔尼亚地区的

战役顺利结束。在苏军的打击下德军向西退却。

从9月10日开始，在斯摩棱斯克作战的西方方面军、预备队方面军和布良斯克方面军全部转入防御。11日，罗科索夫斯基被晋升中将军衔。

德军取得斯摩棱斯克会战胜利之后，没有继续向莫斯科进攻。希特勒将首攻目标从莫斯科转向基辅和列宁格勒。德"中央"集团军群主力转而面南，和"南方"集团军群主力一起投入基辅战役。

9月份下半月，第十六集团军司令部详细制订了集团军在其所占领地区的部队行动计划，计划中规定的措施确保坚决击退德军。同时还制定了一旦德军突破防御时的行动方案，方案规定部队怎样撤退，怎样使德军遭受最大损失，如何全力阻止它推进。

这个计划呈送给了西方方面军司令员科涅夫。他批准计划中有关防御内容的第一部分，而有关被迫退却内容的第二部分没有批准。

9月底，德军取得基辅会战的胜利并完成了对列宁格勒的包围之后，集结了"中央"集团军群和3个坦克集群共78个师，180万人，开始实施进攻莫斯

德军在战场上（二战模拟场景）

科的"台风"作战计划，企图于入冬前攻下莫斯科。

德军首先对布良斯克方面军防御地带和维亚济马一线发动进攻。

10月2日，前沿观察人员和侦察小组报告说，从德军方向传来了坦克发动机的响声。黎明，德军开始在第十六集团军的中心地段发动进攻。在那里，苏军已作好迎击的准备。德军飞机第一次长时间轰炸苏军指挥所所在地，没有造成大的损失。

在火炮和迫击炮开火的同时，德国坦克向前推进，步兵紧随其后。苏军的所有火炮立即回击，反坦克炮兵连进行了直接瞄准射击，"卡秋莎"炮向爬出掩体的德军士兵齐射。战斗延续到中午12点。德军在人员和技术装备上遭受到巨大损失，没有取得胜利。第十六集团军守住了自己的阵地。

午后，在卢金的第十九集团军那里发生了激烈的战斗。德军在第十九集团军的右翼取得了某些进展。但是卢金司令员想依靠自己的力量恢复态势。次日一整天，德军不再进攻，而是把苏军的防御地段置于强大的火力之下。一批飞机轰炸了炮兵阵地，并加强对通往维亚济马方向的道路进行侦察。

到10月3日傍晚，来自第十九集团军的消息令人不安。集团军司令员在电话里说："我只好把自己的右翼拐过去，正面改为向北……与友邻第三十集团军的联系中断。"

卢金请求帮助，罗科索夫斯基给他派去了2个步兵师，1个坦克旅和1个炮兵团。第十六集团军左面的友邻叶尔沙科夫将军那里平安无事。

转战南北
夺取战争最后胜利

1941年10月5日，罗科索夫斯基接到西方方面军司令部的命令：

> 兹命令第十六集团军司令员罗科索夫斯基立即将其防御地带连同部队转交第二十集团军司令员叶尔沙科夫，你本人带司令部及必要之通信工具以强行军速度最迟不得晚于早6时10分到达维亚济马。第十六集团军新编成内将包括维亚济马地区的步兵第五十、第七十三、第一一二、第三十八、第二二九师，坦克第一四七旅，以及1个火箭炮营、1个反坦克团和1个统帅部预备队炮兵团，集团军的任务是阻击从南面斯帕杰缅斯克地域向维亚济马进攻之敌，不让其越过普梯科沃、克鲁德耶、德罗日诺一线北进……

罗科索夫斯基立即执行命令，当夜动身沿明斯克干线向维亚济马进发。一路见到的都是撤退景象。6日拂晓，罗科索夫斯基抵达维亚济马，城里没有任何部队，命令所列的部队一个也联系不上，同方面军司令部的联系也中断了。罗科索夫斯基派出侦察兵，了解到形势的严重性。他对司令部人员说："必须赶快离开这里。没人守卫维亚济马。"

德军的合围圈已经在维亚济马附近闭合，罗科索夫斯基决定朝东北方向突围。8日，在距莫扎伊斯克40公里处，罗科索夫斯基终于用无线电与方面军司令部取得联系，并按指示抵达莫扎伊斯克，然后乘派来的飞机飞抵西方方

面军司令部。

10月13日，新任西方方面军司令员朱可夫大将命令罗科索夫斯基"率领步兵第十八师前出沃洛科拉姆斯克地域，收编该地全部部队和新到达该地的部队，在北起莫斯科海（伏尔加水库），南到鲁扎河的地带组织防御，制止德军从该地带突破"。

罗科索夫斯基在沃洛科拉姆斯克设立了指挥所，着手收编部队。到16日，第十六集团军的编成内共有21个步兵营、6个骑兵团、73门反坦克炮和123门野战炮。要防守100余公里的地带，这些兵力远远不够。

当日，德军开始以绝对优势兵力向第十六集团军防地发起猛烈进攻。苏军浴血奋战，顽强阻击德军，最后被迫将防线后移。10月17日，德军占领沃洛科拉姆斯克。几天后，罗科索夫斯基夺回沃洛科拉姆斯克地区的几个战略点，但无力扩大战果。他的首要任务是加强防御，准备对付德军即将发动的更大规模的进攻。

◆ 苏军在战场上（二战模拟场景）

希特勒在"中央"集团军群内建立了两个快速集群，对西方方面军和相邻方面军的接合部，同时对西方方面军的两翼突击，以便从南北两面迂回莫斯科，在其东部封闭合围圈。西方方面军右翼是第三十集团军和第十六集团军。德第三、第四坦克集群的主突方向直指这两个集团军。

11月6日，德军快速突击部队开始冲击罗科索夫斯基的防御阵地。战斗异常激烈。第十六集团军各部挡住了德军的进攻，使德军陷入争夺据点的持久战之中，推进速度十分缓慢。

11月20日，罗科索夫斯基遵照方面军司令部的命令，退至巴韦利措沃、莫佐罗沃、阿克谢诺沃、新彼得罗夫斯科耶、鲁缅采沃一线防御。

德军难以在沃洛科拉姆斯克方向取得突破，遂将主力集中到克林方向上，攻下了索尔涅奇诺戈尔斯克和克林。25日，朱可夫命令罗科索夫斯基夺回索尔涅奇诺戈尔斯克。罗科索夫斯基按命令迅速组织了反击，取得部分战果，但未能夺回索尔涅奇诺戈尔斯克。而且，第十六集团军的防线，如同整个莫斯科防线，开始步步后移。

到11月底，极度疲惫和损失极大的第十六集团军被迫退却到离莫斯科仅25~35公里处。但是苏军终究还是挡住了德军的进攻。遭受极大消耗的德军已成强弩之末，再无力推进。

12月初，苏最高统帅部将秘密组建的3个新的预备队集团军投入战场。其中2个集团军在西方方面军右翼参加了第十六集团军北翼的战斗。

12月5日，苏军开始反攻。西方方面军右翼各部向克林—索尔涅奇诺戈尔斯克第三、第四坦克集群发起突击。7日，第十六集团军从防御直接转入进攻。经一天激战，罗科索夫斯基解放了克留克沃。之后，各部在伊斯特拉方向上全线进攻。到10日，德军丧失了全部主要抵抗枢纽部，向伊斯特拉河一线退去。

罗科索夫斯基不给德军以喘息之机，命令部队不停息地全速追击。在12月11日至12日的两天之内，第十六集团军推进了10~16公里，在许多地段前出到伊斯特拉河一线。

12月13日，苏联中央报刊的第一版上都刊登了西方方面军的司令员朱可夫及其领导的各集团军司令的肖像。在罗科索夫斯基肖像上方的文字说明写道："罗科索夫斯基将军的部队，在追击敌坦克第五、第十、第十一师，党卫队师和步兵第三十五师的同时，占领了伊斯特拉市……"

12月15日，第十六集团军强渡伊斯特拉河，突破德军防线。德军退却。20日，第十六集团军同友邻部队前出到拉马河和鲁扎河一线。至此，罗科索夫斯基的部队在十几天的战斗中推进了100公里左右。

1942年1月中旬，为发展莫斯科近郊所取得的胜利，苏军发动了新的攻势。第十六集团军于1月16日出击，当天攻克德军14个防御枢纽部。在罗科索夫斯基继续挥师挺进时，1月21日，他接到方面军司令部的命令："将部队转隶友邻第五集团军。率集团军整个指挥机构到司令部接受新任务。"

在西方方面军指挥所，方面军参谋长索科洛夫斯基中将对罗科索夫斯基解释说，德军对左翼戈利科夫中将的第十集团军发起反突击，控制了苏希尼奇这个大铁路枢纽及其周围地区，罗科索夫斯基及其司令部应在最短的时间里赶到苏希尼奇地区，接管部队，并恢复原来的态势。罗科索夫斯基受命后立即率司令部赶往前线。这是他半年里第三次接手新部队。

1月29日，方面军司令部接到罗科索夫斯基的报告："已攻克苏希尼奇，并在那里设立了集团军司令部。"

紧接着，罗科索夫斯基利用所能集中的少得可怜的部队，对德军防御筑垒据点逐个进行攻击，动摇了德军防御，将德军逼到日兹德拉河。

3月8日，罗科索夫斯基视察了准备攻打马克拉基的部队之后，回到苏希尼奇的司令部的路上，一颗炮弹在他身边爆炸，弹片击中罗科索夫斯基脊椎，在肋骨中间穿过，打穿肺部，幸而未触及心脏。

伤势严重的罗科索夫斯基被送去抢救。罗科索夫斯基接受手术之后，被送往莫斯科治疗。5月底，他不待伤愈便跑出医院，回到第十六集团军。这时莫斯科会战已于4月20日结束，德军对莫斯科的进攻遭到失败。但是苏德战场的整个形势仍对苏军不利。

　　7月初，苏军最高统帅部任命罗科索夫斯基为布良斯克方面军司令员。这时布良斯克方面军正处于十分艰难的境地。德军在6月28日开始的进攻中，突破了布良斯克方面军和西南方面军的防御，向纵深推进150~170公里，强渡顿河，冲入沃罗涅日。

　　7月7日，苏最高统帅部将布良斯克方面军一分为二，一部分部队归入沃罗涅日方面军，一部分由罗科索夫斯基接管。罗科索夫斯基将司令部设在叶列茨以东几公里的下奥利沙涅茨村。布良斯克方面军编成内包括5个集团军和3个军。罗科索夫斯基首先阻止住德军由顿河西岸向北推进，使战局稳定下来。

　　此时，布良斯克方面军防御地段相对沉寂。希特勒将进攻重点转向高加索和斯大林格勒。7月中旬，德军集结71个师发起斯大林格勒会战。8月中旬，德军攻占了顿河西岸的所有地区，苏军退至斯大林格勒外围组织防御。到9月中旬，斯大林格勒外围防御地带丧失殆尽，德军突入市内。守城苏军被分割成三块，但仍坚守城市，顽强抵抗。

　　苏军最高统帅部从9月开始准备反攻，为此在斯大林格勒地区新组编顿河方面军和西南方面军。10月初，罗科索夫斯基转任顿河方面军司令员，辖第六十五、第二十四和第六十六集团军，战线宽达400公里。10月中旬，顿河方面军转入进攻，意图歼灭斯大林格勒以北的德军，与坚守在城内的崔可夫各师会合。但此次进攻未能突破德军防线。

　　11月13日，苏军最高统帅部批准了代号"天王星"的大反攻计划，以3个方面军攻击斯大林格勒德军集团两翼并围而歼之。19日和20日，瓦图京中将的西南方面军和罗科索夫斯基的顿河方面军从谢拉菲莫维奇和克列茨卡亚一线，叶廖缅科上将的斯大林格勒方面军从萨尔平斯耶湖一带，先后发起反攻。经几天激战，3个方面军于23日在卡拉奇以东的苏维埃村会师，合围德保卢斯上将第六集团军全部和坦克第四集团军一部，共22个师，33万余人。

　　苏军围歼保卢斯第六集团军的"指环"作战计划由罗科索夫斯基统一指挥实施，斯大林格勒方面军编制撤销，所辖第五十七、第六十四和第六十二

集团军转隶罗科索夫斯基的顿河方面军。

　　包括7个集团军的顿河方面军于1943年1月10日实施"指环"战役。此前两天，罗科索夫斯基向被围的保卢斯发出最后通牒："……在你们毫无出路的情况下，为避免无谓的流血，我们建议你们接受以下投降条件：以您和您的司令部为首的全部被围德军部队停止抵抗……如果拒绝投降，将予以消灭……"署名是：红军最高统帅部大本营代表沃罗诺夫炮兵上将，顿河方面军司令员罗科索夫斯基中将。保卢斯拒绝了最后通牒。

　　1月10日早8时零5分，第六十五集团军率先发起进攻，炮火准备持续了55分钟。几千门大炮齐声怒号，惊天动地。随后，苏军突击部队全速前进，迅速冲垮德军防线。

　　进攻的第一天，第六十五集团军楔入德军防御纵深1.5~4.5公里，经过3昼夜的血战，苏军消灭了德军防御西面突出部的守军。1月12日日终时，第六十五集团军和第二十一集团军前出至罗索夫什卡河西岸。15日，苏军突破德军中层防御围廓。这一天，顿河方面军司令员罗科索夫斯基晋升为上将。

　　1月22日，顿河方面军全线出击。26日，第二十一集团军的部队冲入斯大林格勒城内，与坚守数周的苏军守卫部队会师。31日，走投无路的保卢斯及其司令部向罗科索夫斯基投降。但是被围德军部队拒绝停止抵抗，罗科索夫斯基发起最后的攻击。

　　2月2日，罗科索夫斯基向苏联大本营报告："顿河方面军务部已于1943年2月2日16时完成了任务，全部粉碎并歼灭了敌军集团……斯大林格勒市及斯大林格勒地域的战斗行动已经停止。"

　　历时160天的斯大林格勒大血战以苏军的最后胜利而告终。这次战役德军损失150万人。斯大林格勒战役的胜利是苏德战场的一个转折点，苏军从此开始由战略防御转入战略进攻。

　　罗科索夫斯基上将未来得及去一趟浸透着英雄守卫者鲜血的斯大林格勒市，2日当晚，斯大林便召他立刻飞往莫斯科，接受新的任务。

　　2月15日，斯大林命令罗科索夫斯基以顿河方面军的指挥机构，组编中央

方面军，罗科索夫斯基任方面军司令员，紧急开到叶列茨地域，在布良斯克方面军和沃罗涅日方面军之间展开，对德军奥廖尔集团的翼侧和后方进行攻击。中央方面军编成内有第二十一、第六十五和第七十集团军，坦克第二集团军，以及空军第十六集团军。

2月25日，罗科索夫斯基组织新集团军刚刚10天，就按期发起进攻。苏军开始阶段的进攻十分顺利。第六十五集团军和坦克第二集团军突破德第二集团军防线，到3月6日推进了30~60公里。德军为免使奥廖尔集团遭到纵深包围，急忙从勒热夫和维亚济马增调多个步兵师和坦克师，摆在罗科索夫斯基的中央方面军当面。

罗科索夫斯基进攻受阻。他向大本营指出，以中央方面军状况，无法继续向布良斯克—斯摩棱斯克方向进攻。大本营于3月7日变动了中央方面军的任务，第六十五、第七十和第二十一集团军改在北面和东北方向上进攻，帮助布良斯克方面军歼灭德军奥廖尔集团。

德军在战场上（二战模拟场景）

战役进展仍不顺利。第七十集团军从行进间无组织地分批投入战斗，未能向前推进。罗科索夫斯基亲自到第七十集团军司令部了解失利原因，认为是集团军司令员指挥不力，当即撤换了他。

罗科索夫斯基认为自己也有责任。他在回忆录中写道：

> 在追究集团军指挥人员和司令部作战失利责任的同时，我自己和我的司令部也难辞其咎：我们没有检查部队的准备情况，不了解他们的指挥人员，就给集团军下达任务。使其仓促投入战斗。这是我应汲取的一次教训……

大本营决定停止对德军奥廖尔集团的进攻。自3月21日起，中央方面军在戈罗季谢、小阿尔汉格尔斯克、特罗斯纳、利季日、科列涅沃地区转入防御，和布良斯克方面军一起，形成库尔斯克突出部正北面。

3月底，沃罗涅日方面军在击退德军进攻之后态势也稳定下来。于是，苏军在库尔斯克突出部形成一个弧形战线，弧部向着德军。

希特勒为了从苏军手中夺回战略主动权，于4月15日下达了第六号作战令：

> 以别尔哥罗德地域的一个突击集团和奥廖尔以南的一个突击集团，坚决而迅速地进行集中突击，以向心进攻的方法合围并歼灭库尔斯克地域之敌……

中央方面军及其南翼友邻沃罗涅日方面军将面临德军的集中突击。苏军对德军的主突目标做出了正确判断。朱可夫在4月8日给最高统帅部的报告中写道："我认为，德军将对中央、沃罗涅日、西南三个方面军进行主要进攻战役，以便粉碎这一方向的我军，取得机动自由，沿最近的方向迂回莫斯科。"

　　罗科索夫斯基于4月10日在给总参谋部的报告中也明确指出："1943年春夏时期，德军的进攻将只能在库尔斯克—沃罗涅日方向。"4月12日，沃罗涅日方面军也向大本营提交了内容相似的报告。

　　4月12日晚，最高统帅部大本营定下决心，要求各方面军在所有的特别重要方向上，特别是在库尔斯克突出部，建立巩固的纵深梯次配置防御，先以强大的防御迎敌，然后转入反攻并彻底歼敌。

　　4月28日，罗科索夫斯基晋升为大将军衔。此时中央方面军的编成做了调整，现有第十三、第四十八、第六十、第六十五和第七十集团军，并有预备队坦克第二集团军、1个步兵军和2个坦克军。空军第十六集团军负责对方面军的空中掩护。

　　罗科索夫斯基建立了纵深梯次配置，设立了6道基本防御地带、大量的中间地区和斜切阵地，挖掘堑壕和交通壕5000公里。罗科索夫斯基断定德军将以主要兵力突击方面军右翼上方的奥廖尔突出部的根部，他毅然决然地在这一方向上布置了高密度的兵力和兵器。在这95公里的地段，他集中了方面军全部步兵兵力的58%，炮兵的70%，坦克和自行火炮的87%，并配置了第二梯队和预备队。

　　为加强奥廖尔—库尔斯克铁路沿线的第十三集团军，罗科索夫斯基调去拥有700多门火炮和迫击炮的炮兵军，使每公里正面上有92门76毫米以上的大炮，这是前所未有的密度，是德军进攻所能建立的密度的1.5倍。

　　在德军进攻的整个方向上，苏军部署了罗科索夫斯基的中央方面军和瓦杜丁大将的沃罗涅日方面军共130万人，2万门火炮和迫击炮，3600辆坦克和自行火炮，3130架飞机。其后还有科涅夫的草原方面军58万人，9000门火炮和1640辆坦克及自行火炮。

　　7月4日晚，罗科索夫斯基从德军俘虏中得知，德军已于当天早晨3时开始进入出发地。罗科索夫斯基估计德军将于次日凌晨发起进攻，决定先采取行动，但已来不及报告和请示大本营，他与最高统帅部代表朱可夫大将商量后，发出进行反击令。

　　7月5日凌晨2时20分，罗科索夫斯基的部队开始对正面德军进行疾风射击，反击持续了30分钟。5时30分，德军发起进攻，主突地段是奥利霍瓦特卡地域。普霍夫第十三集团军的第十五师和第八十一师与德军激战一天，击退其4次进攻，之后被迫后撤。这一天德军以巨大代价向苏军防御纵深推进6~8公里。

　　罗科索夫斯基以坦克第二集团军和坦克第十九军对突入的德军进行反击，以恢复原来的态势。坦克部队遭德机轰炸，并受到德"虎"式坦克的阻击，损失很大，反击未果。

　　第二天，德军又在奥利霍瓦特卡方向上推进了2公里，并开始将进攻锋头稍向右转，指向波内里火车站地域。

　　罗科索夫斯基将现有兵力做了大胆而坚决的机动，他毫不犹豫地将受到威胁较小地段的部队调到奥利霍瓦特卡和波内里地域。

　　德军在各进攻地段均未取得重大突破，于是投入全部预备队，经4天激战，德军仅前进了10公里。

　　7月12日，德坦克第四集团军和苏近卫坦克第五集团军在库尔斯克突出部南正面的普罗霍罗夫卡附近展开了一场对攻战。这是世界战争史上最大的一次坦克战，双方共投入了1200辆坦克。双方各损失了300辆坦克，都退回了出发地，而德军此后已再无力进攻。苏军转入反攻。

　　十分疲惫的中央方面军未经休息，立即参加了对德军奥廖尔集团的总攻。从7月15日开始，经3天战斗，战线恢复7月5日以前态势。此后罗科索夫斯基不断扩大战果。德军的抵抗相当顽强。苏军未及完成合围，仅将德军逐出奥廖尔。同天，沃罗涅日方面军解放了别尔哥罗德。

　　当晚，斯大林命令在莫斯科以124门礼炮鸣响了12下，向杰出的部队和他们的指挥员致敬。

　　罗科索夫斯基的部队继续向西推进，8月30日进入北乌克兰境内，随后相继解放了雷利斯克、克罗列韦茨、普季夫利、沃罗涅日等地。

　　9月7日，中央方面军各集团军前出至杰斯纳河。10天后，罗科索夫斯基

第二次世界大战著名英雄

强渡杰斯纳河，突破德军西岸防御，直指基辅。18日，苏联最高统帅部大本营命令罗科索夫斯基将主攻方向转向切尔尼戈夫。战事进展顺利。10月2日，中央方面军改称白俄罗斯方面军。

到11月底，罗科索夫斯基大将的白俄罗斯方面军已肃清了白俄罗斯大片领土上的德军，并解放了战略要地戈梅利。11月26日，莫斯科再次鸣礼炮向罗科索夫斯基和他的部队致敬。

进入1944年后，罗科索夫斯基的部队继续推进。2月中旬，白俄罗斯方面军改称白俄罗斯第一方面军。进入4月份后，白俄罗斯低地道路泥泞，部队不能进行任何调动，战斗暂停。白俄罗斯第一方面军转入防御。

5月30日，苏军最高统帅部大本营批准了代号"巴格拉季昂"的白俄罗斯战役计划。战役目的是：

以巴格拉米扬大将的波罗的海沿岸第一方面军、切尔尼亚霍夫斯基上将的白俄罗斯第三方面军、扎哈罗夫上将的白俄罗斯第二方面军和罗科索夫斯基的白俄罗斯第一方面军，在维捷布斯克、博古舍夫斯克、奥尔沙、莫吉廖夫和博布鲁伊斯克等方向同时发起进攻，分割德军战略防御正面，于维捷布斯克和博布鲁伊斯克地域歼敌，尔后向纵深挺进，在明斯克以东围歼德第四集团军，为各方面军发展战役创造最有利条件。

此役苏军投入兵力240万人，德军兵力为120万人。战役于6月23日打响。拥有最大兵力的罗科索夫斯基的白俄罗斯第一方面军于24日开始进攻，激战5天，在200公里正面上突破德军防御，围歼德军博布鲁伊斯克集团，向纵深推进110公里。这一辉煌战绩受到最高统帅部的高度赞扬，29日，罗科索夫斯基不仅被晋升苏联元帅军衔，成为战争期间第六个获此殊荣的高级将领，还荣膺"苏联英雄"这一崇高荣誉，可谓双喜临门。

苏军4个方面军的进攻取得全面胜利。7月5日到11日，苏军在明斯克以

157

东围歼了德第四集团军。

到7月16日，白俄罗斯第一方面军各集团军已前出至斯维洛奇河、普鲁扎内一线，12天前进150~170公里。7月20日，罗科索夫斯基前出到苏联边界西布格河，并强渡过河，进入波兰国境，迅速向维斯瓦河推进，24日解放了卢布林，28日解放了布列斯特，尔后在华沙方向上不断发动进攻。

白俄罗斯战役于8月底结束，苏军歼灭德军54万人，给德"中央"集团军群以毁灭性打击，向西推进了500~600公里，解放了白俄罗斯全部领土，以及立陶宛部分领土和波兰东部。

白俄罗斯战役结束之后，罗科索夫斯基积极准备解放华沙的战役，并准备向德国境内挺进。10月中旬，斯大林突然调他转任白俄罗斯第二方面军司令员。白俄罗斯第一方面军交由朱可夫指挥。

罗科索夫斯基感到困惑："为什么把我从主要方向调到次要地段？"斯大林回答："你错了。白俄罗斯第二方面军将是西攻主要方向上的三个方面军之一。白俄罗斯第一、第二方面军和乌克兰第一方面军将结束在德国的战争。"

苏军最高统帅部大本营为参加决定性战役的白俄罗斯第二方面军配备了大量的兵力和兵器。罗科索夫斯基辖7个合成集团军，1个坦克集团军，1个空军集团军，1个机械化军，1个骑兵军和数个炮兵师，总计88万余人，有1500架飞机，2195辆坦克和自行火炮，1万多门火炮和迫击炮。

1945年1月13日，苏军大本营以罗科索夫斯基的白俄罗斯第二方面军、切尔尼亚霍夫斯基大将的白俄罗斯第三方面军、巴格拉米扬大将的波罗的海沿岸第一方面军和特里布茨海军上将的红旗波罗的海舰队共167万人，发动了西进德国的东普鲁士战役。

白俄罗斯第一方面军在战役开始后的第二天发起进攻，6天后攻入东普鲁士境内，占领许多防御支撑点，1月底与白俄罗斯第二方面军合力消灭了乌祖里地区的德军。苏军将东普鲁士德军分割成三个孤立集团，德军防线崩溃。

此时，位于进至奥得河的白俄罗斯第一方面军和在东普鲁士作战的白

俄罗斯第二方面军之间的东波美拉尼亚地区，形成百余里的空隙。德军统帅部急调"维斯瓦"集团军群，企图歼灭白俄罗斯第一方面军，固守奥得河防线，扭转柏林方向上的不利形势。

为了顺利进攻柏林，苏军最高统帅部决定将最后消灭东普鲁士德军的任务交由白俄罗斯第三方面军完成，抽出白俄罗斯第二方面军主力歼灭"维斯瓦"集团军群，占领东波美拉尼亚。

2月10日，罗科索夫斯基的中央和左翼部队从布罗姆贝格以北维斯瓦河各登陆场向斯德丁方向发起进攻，在白俄罗斯第一方面军部队的配合下，罗科索夫斯基于3月底占领了格丁尼亚和但泽。

为了奖励罗科索夫斯基"对大规模战役进行优异指挥，在摧毁法西斯德军的斗争中获得的辉煌胜利"，苏联最高苏维埃于1945年3月31日授予他苏联最高军功章——胜利勋章。

4月4日，罗科索夫斯基彻底击溃德军余部，解放了东波美拉尼亚，消除了进攻柏林的苏军翼侧威胁，为攻占柏林创造了有利条件。

4月16日，苏军发动攻占柏林的战役。苏联元帅朱可夫的白俄罗斯第一方面军和苏联元帅科涅夫的乌克兰第一方面军同时向柏林发起进攻。罗科索夫斯基受命向西方前进，包围德军坦克第三集团军主力，分割柏林地区的德军集团。

4月26日，白俄罗斯第二方面军部队占领了德国大城市斯德丁。此后罗科索夫斯基各部以每天平均25~30公里的速度推进，5月2日前出至波罗的海沿岸。5月3日，白俄罗斯第二方面军的潘菲洛夫的近卫坦克兵与英国第二集团军的战士会师。

5月8日，德国法西斯武装力量无条件投降的文书签署了。战士们听到消息，激动地往空中放排枪排炮，宣泄自己的快乐。夜晚，街道上灯火通明，这意味着灯火管制的时代结束了，战争结束了！

英雄赞歌

第二次世界大战著名英雄

布莱德雷

　　奥尔马·布莱德雷，美国著名军事家、统帅，陆军五星上将。第二次世界大战期间美军在北非战场和欧洲战场的主要指挥官。1915年毕业于美国西点军校，获陆军少尉衔。1939年至1943年，先后任作战部助理部长、步兵学校校长、第二十八国民警卫师师长、第二兵团司令兼艾森豪威尔将军的战地顾问，曾参加北非战役、西西里战役。

飞抵北非战场
取得辉煌战绩

1893年2月12日，奥尔马·布莱德雷出生于美国的密苏里州克拉克村的一个贫苦家庭。布莱德雷的家里很贫穷，15岁时，布莱德雷的父亲积劳成疾，英年早逝，家庭的重担一下子落在母亲和他的身上。

1910年5月，布莱德雷高中毕业后不得不考虑自己的前途和职业。开始，他决心成为一名律师。这样，他必须先去上大学深造。可是，家里无钱供他上大学。母亲含辛茹苦，整日劳作，也只能勉强养家糊口。

布莱德雷只得放弃了上大学的念头，他决心打一年工攒足几百美元，然后上密苏里大学。不久，布莱德雷在锅炉车间谋到了一份修理蒸汽机的差使，这比一般的打工挣钱多。他每周工作6天，每天工作9小时，计时工资为17美分。这样下来，布莱德雷一个月可挣到40美元。

布莱德雷的家族没有从军的传统。他的祖父曾在联邦陆军中当过二等兵，但只是生计所迫。父亲生前是一个乡村教师，虽喜欢打猎，但与军人相差十万八千里。父亲希望布莱德雷成为一个医生，或做一个知识分子。布莱德雷本人也从未有过从军的念头，他甚至不知道从军也是一条生活之路。

一个非常偶然的机会，布莱德雷获知西点军校招生，学校免收学费，每月还有津贴。他尽管对军校一无所知，但却很快放弃了1911年报考密苏里大学的念头，改考西点军校。作为一名候补生，布莱德雷搭上了报考的末班车，最后奇迹般地考上了西点军校。1911年8月1日，布莱德雷跨入了西点军校的大门，成为一名军人。

在西点军校艰苦环境的磨炼下，布莱德雷成了一名合格的职业军人。

1915年，他从西点军校毕业之后，部分时间在部队服役，但更多的时间是在军校进修和任教。布莱德雷曾在本宁堡步兵学校、利文沃思堡指挥与参谋学校进修。

利文沃思堡指挥与参谋学校是晋升将军的台阶，从此结业的学员都会有远大的前程。布莱德雷于1928年4月进入位于堪萨斯州的利文沃思堡指挥与参谋学校进修。

这所学校的学员们之间，竞争十分激烈。布莱德雷很幸运，他在本宁堡执教时结识的老朋友奇尔顿劝告说："布莱德雷，别把事情看得太严重。晚上学到10点就睡觉，在课堂上头脑清醒比通宵苦学而第二天昏昏欲睡好得多。"

听了奇尔顿的劝告，布莱德雷开始琢磨学习窍门。经反复考虑，他意识到良好的思维方法最为重要。当复杂的军事问题用通常的方法解决无望时，不妨去寻找不寻常的办法，反向思维方法往往易出妙招。

就用这种方法，布莱德雷在短短的时间内掌握了谋划战争、驾驭战争的必备能力，指挥才能大为提高。在利文沃思堡进修结业后，布莱德雷面临着两条路可走。一是他在夏威夷服役时的史密斯师长已调任西点军校校长，史密斯将军邀请布莱德雷到西点军校去任司库；二是有人建议他去本宁堡步兵学校担任教官。

布莱德雷最后决定去本宁堡任职。1929年9月，布莱德雷第一次到本宁堡步兵学校任战术系教官，很快得到助理校长马歇尔的赏识，第二年便被提升为兵器系主任。

在工作期间，他时刻感到马歇尔用严峻的目光在背后注视着他，但马歇尔对布莱德雷的工作人不干涉，他总是放手让布莱德雷干自己分内的工作，独立决策。

新学年开始的第一天，各系按惯例向学员介绍本系的教官、教学内容，以及学员在本学年中可以学到的知识和技能。布莱德雷主张反其道而行之，兵器系要打破常规，独树一帜。他提出：兵器系要向全体人员举行一次野外

表演。马歇尔当即同意了布莱德雷的计划，让布莱德雷组织为时4个小时的野外综合表演计划。

这次是布莱德雷充分表现自己才能的机会，也是他一生中最杰出的表演之一。事先，布莱德雷精心组织了这场至关重要的演习。他计划用大轿车将参谋人员运送到各个靶场，每打完一个项目用10分钟时间，然后转场表演另一个项目。4小时一共要表演14个项目，每个项目表演前，布莱德雷要亲自讲解武器操作的方法，然后由专业人员进行实弹射击。

马歇尔助理校长和其他教官们坐在大轿车上观看了布莱德雷亲自指挥的14个项目的表演。在场地里，兵器系的13名军官和几十名士兵熟练地操作着机枪的直接、间接瞄准射击，靶场顿时枪声四起，热火朝天。然后，布莱德雷率领表演人员依次进行了37毫米野炮的活动靶射击、迫击炮射击、勃朗宁自动步枪射击等科目。最后，布莱德雷等人仅用两个半小时就完成了14个项目的表演，引起全体参观者的一片喝彩声。

马歇尔兴奋地跳下轿车，满面笑容地对布莱德雷说："布莱德雷，这是我所见过的最好的一次表演。我要求你为本宁堡步兵学校的每一届学员都表演一次。"

这次简洁、有效的表演给全校学员留下了深刻的印象，布莱德雷因此而名声大振。马歇尔十分欣赏布莱德雷的组织才能和有条不紊的工作作风。

在令人难忘的表演之后，布莱德雷又办了一件令马歇尔非常满意的事情。布莱德雷亲自组织了一次飞靶射击活动，在活动中他结识了一位名叫沃尔特·比德尔·史密斯的高年级学员。

史密斯才华出众，技艺超群，非常引人注目。他生于印第安纳波利斯，上大学期间因父亲患病而辍学。后来，史密斯加入了国民警卫队，第一次世界大战时军衔为少尉，随第四师赴法参战中受伤而回国。

布莱德雷在飞靶射击中仔细观察了史密斯的一举一动，他发现史密斯很像本校战术系主任约瑟夫·史迪威，才思敏捷，善于分析问题，头脑非常冷静。但他有些妄自尊大，有时又坦率得惊人。

经过一段时间的了解，布莱德雷觉得史密斯为人真诚、心地善良，而且富有幽默感，这令布莱德雷非常高兴。布莱德雷断言，史密斯将成为一名优秀的教官。他满怀信心地向行政处提出报告，请求将史密斯留下来在兵器系任教。

在本宁堡步兵学校，马歇尔总是悄悄地到各教室去查课，事先并不通知授课教师和学员。有一天，史密斯正在聚精会神地在班里作专题发言，碰巧马歇尔来查课。史密斯精彩的演说、清晰的思路深深地吸引着马歇尔。

回到办公室，马歇尔对布莱德雷说："有一名学员将成为出色的教官，我敢断定还没有人要求留他。"

"您指的是史密斯？"布莱德雷脱口而出。

马歇尔再也没说什么，等布莱德雷一走，马歇尔便开始翻阅文件。他突然发现布莱德雷写来的要求留史密斯在兵器系任教的报告。他终于明白了，布莱德雷在自己之前便发现了史密斯的才能，两人的想法不谋而合。

马歇尔坐在办公室里，史密斯的精彩演说又闪现在眼前。马歇尔再想到刚才与布莱德雷的简短对话，他不由自主地笑了。这件小事的发生，使马歇尔更加加深了对布莱德雷的印象。他想布莱德雷是一位可用之材，将来可担当更重要的职务。

1931年夏天，马歇尔在本

布莱德雷

165

宁堡的任职满了4年，按惯例，他要离开学校去部队服役。而布莱德雷在本宁堡可以干到1933年。在本宁堡，共同的事业把马歇尔和布莱德雷捆在了一起，他们之间思想相近，作风相承，共同对本宁堡的改革作出了功不可没的贡献。

1934年，布莱德雷被分配到西点军校战术系任教官。1936年7月，晋升为中校。

1938年，布莱德雷进入陆军参谋部人事部工作，不久就被陆军参谋长马歇尔调去作助理秘书。其间，布莱德雷开阔了眼界，增长了才干，在马歇尔手下处理了许多棘手的问题。

1941年2月23日，布莱德雷任本宁堡步兵学校校长兼驻地指挥官，一跃成为准将。

除全面主持步校工作外，布莱德雷设立预备军官学校进行速成培训，以适应大规模扩军对增加基层军官的要求，组建并训练坦克部队和空降部队，以提高陆军的机动作战能力。

后来，本宁堡预备军官学校在布莱德雷一手操持下成了美国预备军官学校的样板。这所学校培养的军官源源不断地输送到欧洲和太平洋战场。布莱德雷对美国兵力动员，立下了一大功。

1942年2月，布莱德雷调任正在重组的第八十二师师长，并晋升为少将。

1942年6月，布莱德雷抵达路易斯安那的利文斯顿接手国民警卫队第二十八师。该师隶属第四军。

1943年2月12日，是布莱德雷50岁生日，他被任命为第十军军长。可是，他还没上任，就被派到非洲任艾森豪威尔的私人代表。

布莱德雷对领受的任务并不高兴，他主要是在突尼斯前线作艾森豪威尔的耳目，同时对前线的美军军官提一些"建设性的调动"建议。

布莱德雷深知，他这个工作要穿梭于各指挥官之间，是一个讨人猜忌和厌烦的"间谍"角色。

为了避免与人结怨，或招致嘲笑，布莱德雷告诫自己要小心谨慎，多听

反映，睁大眼睛观察，绝不能胡说八道，多嘴多舌。一到非洲，他就以善于观察、稳健沉着、深藏不露的姿态处理一切。

1943年4月15日午夜，布莱德雷正式接手第二军，交接是秘密进行的。盟军对突尼斯轴心国部队的围歼准备已接近完成，决战即将到来。

4月16日，亚历山大下达了代号为"铁匠"的总攻令：

> 部队沿整个弧形战线强攻退守的轴心国部队。安德森的第一集团军担任主攻；蒙哥马利的第八集团军对昂菲达维尔施加压力，相机推进；法国第十九军在蒙哥马利左侧和安德森的右侧伺机参加攻击而扩大战果；布莱德雷刚接手一天的第二军部署在第一集团军北面，任务是保护安德森的左翼，并逐步向乔吉高地推进，最后协助安德森夺取比塞大。

亚历山大给布莱德雷一把尚方宝剑，那就是如果布莱德雷认为安德森的命令不合适的话，允许他越过安德森与他本人直接联系，布莱德雷比巴顿幸运，他可以不受英国人的掣肘。

接受任务后，布莱德雷把第二军的司令部安扎在贝迪市郊外的帆布帐篷里，他从第二十八师调比尔·基恩来当自己的参谋长，并保留巴顿留下的领导班底。布莱德雷取消了巴顿确立的过激的规定。

同时，布莱德雷一反巴顿的粗暴作风，耐心地说服下级执行命令，放手让手下的军官独立解决问题，这是布莱德雷从马歇尔那里学来的。

1943年4月19日至20日夜，蒙哥马利首先发动佯攻，安德森手下的第五军和第九军在佯攻后的两天发起主攻。可是，非洲军团拼死抵抗，奥尔弗里的第五军、约翰·克罗克的第九军严重受阻。

埃迪的第九师居北，赖德的第三十四师位于中间，艾伦的"大红一师"居南，布莱德雷跟随哈蒙的第一装甲师指挥作战。

战前，艾森豪威尔希望布莱德雷在南部泰恩河谷用装甲部队攻击德军，

167

但布莱德雷看到德军居高临下，德军可用反坦克炮还击，这样做也许会重蹈卡塞林山口的覆辙。布莱德雷没有理会艾森豪威尔的建议，简单地对4位师长说："我们要坚决地先攻占609高地！"

"609高地"是布莱德雷根据地图标高给它起的名字，实际上它是第二军东进路上的最高点。艾伦的"大红一师"冲在最前面，战斗异常激烈。

1943年4月23日至26日的3天中，第二军才推进9千米。德军在第二军有条不紊的进攻中慢慢退却，但每退一步，都要埋设地雷，然后依托崎岖不平的山地构筑工事抵抗。

为了鼓舞士气，艾森豪威尔及他的新"耳目"平克·布尔，还有莱斯利·麦克奈尔等也来督战。结果，麦克奈尔被炮弹炸伤，布莱德雷也差点被一颗炸弹炸中。

德军死守着609高地，布莱德雷命赖德的第三十四师在炮兵科长查尔斯·哈特指挥的猛烈炮火支援下强攻，但3次均退了回来。

攻占609高地是个大难题，为了加强火力，布莱德雷建议调来坦克作移动大炮使用，并命令部队于4月30日上午发起攻击。17辆坦克迂回到侧翼和背后炮击德军的阵地，赖德的步兵终于在5月1日占领了609高地。

之后，德军多次反扑，均未奏效，第二军牢牢地控制了制高点。用坦克当移动火炮，这是布莱德雷的一个小发明，德军根本没料到这一手，惊慌失措，不少人当了俘虏。

1943年5月7日，突尼斯战役以盟军的胜利而结束了，布莱德雷给艾森豪威尔发去只有单词的电报："任务完成！"

从1943年2月布莱德雷飞抵北非充当"耳目"，至5月7日率第二军参加突尼斯战役取得辉煌战绩，布莱德雷开始扬名美国。

布莱德雷不像巴顿那样锋芒毕露，他善于与自己的上级和英国人和睦相处，同时也得到马歇尔在背后的有力支持，在作战方面，布莱德雷谨慎沉着、刚柔相济，善于捕捉战机。

布莱德雷对战场态势、兵力运用、战术安排和后勤补给均能巧妙调度。

当然，布莱德雷接手的第二军，是以巴顿的辛勤劳动为基础的。没有巴顿的大刀阔斧，也没有布莱德雷的战功显赫，没有布莱德雷的指挥有方，也不会取得为美国人争了一口气的胜利。

对布莱德雷而言，他在战火中显露出自己的指挥才能、作战勇气。

早在1943年1月的卡萨布兰卡会议上，英美首脑便决定在突尼斯战役结束后立即实施西西里岛登陆战，扫除地中海交通线的主要障碍。

5月29日，丘吉尔、马歇尔、艾森豪威尔、亚历山大等在阿尔及尔召开军事会议，经过反复磋商，决定进攻西西里岛，成功后即攻入意大利本土，迫使意大利退出战争，为下一步横渡英吉利海峡做准备。

布莱德雷作为一位崭露头角的军长，他还没有资格参与这些决策。不过，他坚持认为，进攻西西里岛有两种战略，一是包围孤立之，在墨西哥和卡拉布里亚同时实施两栖登陆；二是对全岛实施正面突击，然后在岛上纵深苦战。对于前一种战略，可以发挥盟军海、空军的巨大作用，利用已控制的海、空权切断意大利本土对西西里岛的支援，也可防敌退却。结果，布莱德雷的战略思想无人知晓和采用，只是到战役结束后才有人想起这一战略的优点，可以迫使岛上守军投降，节约时间和装备。

1943年夏，盟军在北非沿海港口集结了大量部队，亚历山大的第十五集团军群负责执行"赫斯基"计划，下辖蒙哥马利的第八集团军和巴顿的第七集团军。登陆战役定于7月10日开始。

巴顿组建的第七集团军准备以欧内斯特·道利少将的第六军为主攻部队。布莱德雷得知第六军担当进攻西西里岛的美军主力后，心急如焚。

这意味着他个人也无法显露自己的才能，只好待在摩洛哥驻防。尽管布莱德雷对盟军高层的战略决策颇有微词，但他还是积极活动，为自己和第二军求得参加行动的机会。于是，布莱德雷分别给艾森豪威尔和巴顿写信，阐述第二军作战经验丰富，可担当大任，而第六军刚抵非洲，最好不让它去冒这个险。艾森豪威尔和巴顿都认为这种分析很有道理，巴顿多少有点偏爱第二军。

1943年5月15日，艾森豪威尔电告马歇尔，告诉他准备把第二军调给巴顿，而把第六军调给摩洛哥的第五集团军。

艾森豪威尔说：

布莱德雷干得如此出色，我实在不能拿一个毫无实践经验的军长和参谋部去碰运气。

马歇尔对布莱德雷也颇为赏识，同意了艾森豪威尔的决定。

从1943年5月下旬起，布莱德雷率部队开始为期一个月的集中训练，其中包括登上岛屿后的城市巷战实弹演习。布莱德雷视察第一、第九步兵师和第二装甲师时，强调要当心轴心国部队埋设的地雷，告诫他们要敢于分队作战，不到绝望境地绝不投降。

6月27日，布莱德雷关闭了雷利赞的指挥所，转移到奥兰作登陆最后准备。7月4日，布莱德雷到奥兰以西9千米的法国海军基地克比尔港，登上了两栖作战指挥舰"安康"号。

布莱德雷和他的部队于7月5日傍晚出发，先绕西西里岛航行5天。

7月11日早晨，巴顿和布莱德雷分别上了岸。第二军的指挥部设在第四十五师防区内的斯科格利蒂。

激烈的恶战持续了一天，德军坦克几乎推进到距滩头阵地不足2千米之处。美军奋力反击，海军也用猛烈炮火轰击德军。傍晚，德军溃退了。

在进攻墨西拿时，布莱德雷向巴顿建议，可以利用巴勒莫的小型海军部队向北部沿海公路上轴心国部队坚守的阵地实施"蛙跳"式或"两栖兜圈子"式的两栖围攻。事实证明，这种新战术十分有效。

8月7日至8日夜，首次"蛙跳"式进攻开始，两个加强营配合第三师围攻圣阿加塔，德军一片恐慌，德军第二十九装甲师已开始后撤。但由于美军登陆太晚，未能消耗德军有生力量。

1943年8月10日，美军攻到了墨西拿附近的三角形滩头地带。轴心国部

队没有空中和海上优势，只好撤退。但是，由于盟军没有切断墨西拿海峡的计划和行动，7万名意军和4万名德军悄悄地溜走了。一直与盟军作战的3个德军师完整地保留了下来，随时还可参战。

布莱德雷认为，这次战役获得了表面的胜利，未能重创轴心国部队是由于战术失误以及盟军内部缺乏统一的作战计划。

8月10日至11日夜，第二次"蛙跳"式进攻在布罗洛进行。事先，巴顿安排了许多战地记者同往，特拉斯科特要求推迟24小时行动，德军的抵抗很顽强。巴顿担心新闻界报道不利于第七集团军，反对推迟。无奈，特拉斯科特要求布莱德雷去说服巴顿。布莱德雷警告了巴顿，要求严格控制战斗规模，并要保证登陆部队迅速合拢，否则登陆就会失败。巴顿为了一条新闻，拒绝了布莱德雷，战斗仍按原计划进行。布莱德雷认为这是巴顿越权干预行动。巴顿这次越权，造成了严重的损失。

在这次布罗洛战斗中，650人组成的部队死伤和失踪277人，伤亡率达27%。而德军几乎没受任何损失。

参与"霸王"行动
展示非凡才能

西西里战役结束后，艾森豪威尔派专栏作家厄尼·派尔去采访布莱德雷，发表了5000字的连载文章，布莱德雷的名字显赫地出现在美国报刊上，他在全国开始扬名。

1943年8月，西西里战役接近尾声，罗斯福、丘吉尔和盟军最高司令部在加拿大魁北克召开了会议。在魁北克会议上，原则上决定由美国指派一名将军指挥"霸王"行动，丘吉尔、罗斯福也同意马歇尔担任这一角色。

"霸王"行动计划已确定，马歇尔急于拟定详细计划。8个月后，法国海岸登陆就要实施，而此时美国在英国仍没有一个集团军司令部和司令。

进攻意大利南部的战役将由亚历山大负责，蒙哥马利的第八集团军和马克·克拉克的美国第五集团军于9月初分别向卡拉布里亚、萨莱诺进攻。布莱德雷的第二军列入了萨莱诺战役的预备队，一旦克拉克出现"意外"，布莱德雷将指挥第五集团军。

1943年8月25日，马歇尔致电艾森豪威尔，建议由布莱德雷尽快去英国筹建第一集团军并担任司令。

这一天，布莱德雷正和艾森豪威尔在北非审阅克拉克进攻萨莱诺的计划。他根本不知马歇尔的建议，正为接替克拉克做准备。

在伦敦亨利机场，布莱德雷的新上司雅各布·德弗斯中将前来迎接，并把布莱德雷安顿在多尔切斯特旅馆。布莱德雷在伦敦待了一周，于9月14日飞回美国为第一集团军选调人员。

9月21日，布莱德雷向马歇尔客观地汇报了西西里战役的得失，尽量避免

涉及个人，他也没在马歇尔面前替巴顿美言，因为在战役中巴顿的确使人失望。

9月22日，马歇尔的秘书弗兰克·麦卡锡通知布莱德雷要去向罗斯福总统汇报西西里战役的情况，布莱德雷猜想这是马歇尔的主意。他精心地准备了汇报的内容，这是总统第一次正式听取自己的汇报，事关重大。

罗斯福总统听完汇报后便向布莱德雷详细述说了制造原子弹的曼哈顿计划。布莱德雷得知这一最高级的秘密后大吃一惊，他有点惴惴不安地离开了总统的办公室，此后也未向任何人谈过此事。

马歇尔决定，在"霸王"行动计划确定主帅以前，布莱德雷除在英国担任第一集团军司令外，还要建立一个集团军群司令部并代理集团军群司令。因此，布莱德雷必须组织两套班子。

1943年10月2日，布莱德雷又到了伦敦。第一集团军群司令部设在伦敦西区布朗西斯广场，第一集团军的司令部则设在布里斯托尔的克利夫斯学院。布莱德雷的卡迪拉克牌大型高级轿车来往穿梭于两个司令部之间。布里奇在伦敦任布莱德雷的副官，汉森则在布里斯托尔任副官。

由于"霸王"作战行动的主帅迟迟未定，布莱德雷在一些细节问题上很难做安排。

1943年12月6日，罗斯福任命艾森豪威尔为"霸王"行动总指挥。

布莱德雷在伦敦获知这一消息，既为马歇尔留在华盛顿保持原有职位并参与盟军最高司令部的决策而高兴，又为他自己不能成为"第二次世界大战的潘兴"而惋惜。艾森豪威尔将成为这样的人物。

几周后，艾森豪威尔任命布莱德雷为集团军群司令。

布莱德雷知道登陆行动只能成功，不能失败，否则希特勒就会利用其"秘密武器"，包括火箭、喷气式飞机和改进的潜艇进行反扑。

布莱德雷和艾森豪威尔、蒙哥马利、比德尔·史密斯及其他军官经常讨论"霸王"作战计划。艾森豪威尔有了更多的权力和精力，他的行动也更加果敢。对于计划，布莱德雷提出了三个方面的修改补充。

　　首先，布莱德雷主张加强进攻力量。攻击部队增加至5个师，海军提供更猛烈的炮火支援，登陆最好在夜间进行。同时，布莱德雷力主取消西西里岛空降失利后对使用空降部队的限制，将第八十二和第十一空降师首先空降在"犹他"滩，打乱德军的部署。但艾森豪威尔的英国战术空军司令利·马洛里反对此项建议，认为伞兵要损失50％，滑翔部队要损失75％。最后艾森豪威尔支持了布莱德雷。

　　其次，布莱德雷主张在法国马赛附近开辟第二个登陆点，以便把德军从诺曼底吸引开，同时向登陆部队提供支援和开辟补给品港口。这个建议被称为"铁砧"行动，艾森豪威尔、马歇尔对此一致同意。但是，丘吉尔、艾伦·布鲁克和蒙哥马利均不同意，他们想利用"铁砧"行动的部队去攻巴尔

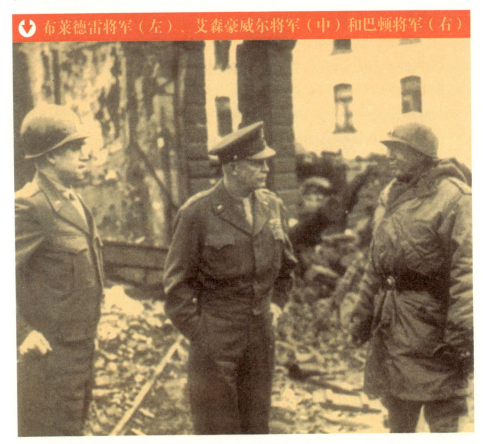

❤ 布莱德雷将军（左）、艾森豪威尔将军（中）和巴顿将军（右）

干，因而此建议在数月内一直悬而未决。

"霸王"行动的部队正在扩大，需要更多的坦克登陆艇和其他登陆艇。意大利战役久拖未决，英国人认为在那里已拖住德军，"铁砧"行动的目的已达到。

一场争论以后，美国人保留了"铁砧"计划，但规模小多了。"霸王"行动也推迟了几个星期，以便拥有更多的登陆艇。最后，布莱德雷坚决支持了由"铁砧"计划改名而来的"龙骑兵"计划。

再次，布莱德雷建议大量使用战略轰炸机，支援利·马洛里的战术空军，在进攻前几周轰炸法国境内的铁路和桥梁系统，防止德军快速调动部队和坦克驰援诺曼底。

"霸王"行动计划是英美合作的结晶，布莱德雷作为美军的主要指挥官之一参与了许多重大活动。在计划逐步完善中，他表现出优秀的合作能力，也与英国国王乔治六世、丘吉尔、艾伦·布鲁克、蒙哥马利、德金甘德、登普西等逐步了解和熟悉起来。

在诺曼底登陆战初期，布莱德雷的第一集团军隶属蒙哥马利的第二十一集团军群，为此，布莱德雷要与蒙哥马利探讨计划的细节。他不喜欢蒙哥马利的拘谨、刻板、冷淡，但尽心尽责地做工作。

1944年4月7日，丘吉尔和盟军的主要指挥官聚集蒙哥马利驻肯辛顿圣保罗学校的司令部开会。

蒙哥马利在拟订计划时，显得过分有条不紊，给地图标上了每天抵达的"阶段线"。布莱德雷认为这样过分刻板，与蒙哥马利发生争论，并第一次对蒙哥马利发了火，要求至少取消美军地区的"阶段线"。

攻击日前夕，艾森豪威尔召开了最后审查"霸王"作战计划的会议。会议在圣保罗学校蒙哥马利的司令部召开。英国国王、丘吉尔、英三军参谋长及战时内阁成员均到会。

英国国王亲自授予布莱德雷"低级巴斯荣誉军事勋位"。

布莱德雷身居高位，他成了《时代》杂志、《生活》杂志和《新闻周

刊》等追逐的人物，特写照片赫然出现在封面上，被美国公众称为"大兵将军"。他以珍惜士兵的生命和不作无谓的牺牲而成了著名人物，并引起狂热宣传。

在诺曼底登陆战开始前夕，布莱德雷更频繁地去看望士兵，并把军长、师长召到布里斯托尔最后审查行动计划。布莱德雷手持教鞭亲自讲解有关问题。部属们亲切地称他是"西点军校和步兵学校的老教师布莱德雷将军"。

审查结束后，布莱德雷感到应该讲几句话，他激动万分，感到千斤重担系于一身。由此布莱德雷眼睛模糊，沉默良久，只说了一句："祝你们幸运！"部属们感到布莱德雷是一位"应当为之牺牲一切的司令"。

1944年6月1日下午，蒙哥马利对布莱德雷的计划做了最后一次审查。

6月3日，布莱德雷和助手在普利茅斯登上美国"奥古斯塔"号重巡洋舰，他的司令部也设在舰上。

6月4日，港口阴云密布，空气潮湿。参谋长比尔·基恩送来艾森豪威尔推迟24小时行动的通知，即6月6日再行动。晚上，布莱德雷上岸和"霸王"行动西线特混舰队美海军司令艾伦·柯克少将、美第九航空队副司令拉尔夫·罗伊斯少将等会晤，并向艾森豪威尔建议，若天气不好转宁愿推迟行动，即8日或9日再进攻。

1944年6月6日攻击开始。

5000艘舰只浩浩荡荡地从普利茅斯出发了，"奥古斯塔"号在21艘护卫舰只的保护下，向登陆点"奥马哈"和"犹他"海滩驶去。

6日凌晨3时35分，布莱德雷到达指挥位置。表面上，他十分平静、乐观，但内心的忧虑只有他自己才知道。"奥马哈"海滩调来了德军精锐的第三五二师，那里肯定有一场恶战。

自诺曼底登陆以来，盟军艰难地站住了脚，但在扩大战果上屡屡受挫。

7月10日，蒙哥马利夺取了卡昂市郊，但未能控制市区；布莱德雷的突击也未能奏效。英军至此损失了2.2万人，美军损失了3万人，而且盟军与德军正在僵持中。布莱德雷想出了新的突破计划，他称之为"眼镜蛇"计划。这

个计划的核心是把美军4个军的兵力集中在圣洛地区的狭窄地段上实施正面突击，以柯林斯的第七军为先锋。地面部队突击前，空军要对正面的德军实施毁灭性打击，进攻时间定在1944年7月19日。

但由于天气原因，7月25日，总攻才正式开始。7月28日，布莱德雷攻击成功。

"眼镜蛇"行动是布莱德雷在诺曼底登陆以来的杰作，这是盟军的一次十分成功的突破，成为战争进程的重大转折点。此前，盟军被局限在康坦丁半岛上。现在盟军冲出了防线，可以实施大刀阔斧的新攻击了。

1944年9月16日，布莱德雷正式晋升为少将。

布莱德雷升任集团军群司令后，布列塔尼半岛的德军残余势力尚未肃清。按"霸王"行动计划的部署，巴顿的第三集团军应首先扫荡该半岛，夺取圣马洛、布雷斯特、洛里昂、圣纳泽尔等重要港口。

布莱德雷根据德军主力已调往诺曼底的情况，与艾森豪威尔、巴顿商量并决定只派巴顿手下的第八军参加战斗。巴顿的其他军则改派到东线作战。巴顿很长时间未参加战斗了，他终于抓住了机会，指挥装甲师和机械化步兵师大战半岛上的残敌。但是，德军撤到重要港口，负隅顽抗。他们执行希特勒血战到底的命令，美军以高昂的代价夺取了已经无关紧要的布雷斯特港。

战后，许多历史学家批评布莱德雷在半岛投入兵力，付出了无谓的牺牲。布莱德雷则认为，他派巴顿和米德尔顿扫荡半岛，主要还是解决后勤问题。盟军每天需要26000吨作战物资。

布列塔尼战斗开始时，盟军仅靠瑟堡港和空中运输解决后勤补给问题。

1944年8月，遭破坏的瑟堡港只运进了三分之一的物资，其他物资仍靠"奥马哈"和"犹他"滩运输作战物资。因此，夺取半岛的港口，并非无关紧要。

此外，夺取半岛上的港口，美军部队可以不经英吉利海峡，而是直接从半岛上岸参战。在整个半岛，约有5万德军非主力部队，德军精锐的空降第二师也秘密调往半岛。若忽视半岛，则会给阿弗朗什—雷恩—圣纳泽尔一线

增加压力，盟军不得不加强这一线的防御。所以，肃清半岛的残敌可一举多得。

1944年8月上旬，布莱德雷开始考虑围歼德军于诺曼底的计划。他计划在夺取布列塔尼半岛后，将第一、第三集团军沿卡昂至勒芒一线摆开，建立好运输线，然后由6个装甲师为先锋，机械化步兵居后，向巴黎挺进。3个空降师在奥尔良以北空投，阻止德军沿巴黎至奥尔良一线溃逃，并起到掩护南翼的作用。之后，地面部队向东南的巴黎、东面的塞纳河和北面的埃迪普进攻，最终攻占巴黎。

布莱德雷构想的远距离迂回包围计划，目的是将德军包围在诺曼底，防止其向塞纳河溃退。孤立巴黎后，盟军可以从迪埃普向加莱进攻，歼灭德军第十五集团军，肃清进军德国本土的障碍。

布莱德雷的宏伟计划需要有强有力的后勤补给为基础，装甲部队和机械化步兵需要大量汽油才能保证进军巴黎的速度。布莱德雷寄希望于蒙哥马利，即以他手下的加拿大第一集团军夺取法莱斯，建立补给线。

正当布莱德雷还在设想新计划时，希特勒于8月2日命冯·克鲁格攻击美军脆弱的莫泰恩地区。希特勒企图靠这次有限进攻让主力撤到塞纳河。

布莱德雷获得情报很晚，但他迅速地加强了莫泰恩防线。许布纳的"大红一师"8月3日攻占莫泰恩后将该城交给了霍布斯的第三十师，而"大红一师"则调往马延，紧挨着埃迪的第九师。雷·巴顿的第四师部署在圣波伊斯担任预备队，罗斯第三装甲师的一部分也在附近。最后，布鲁克斯的第二装甲师的部队路过该地，加入了"大红一师"以加强防御。

除此以外，布莱德雷将巴德的第三十五师调给柯林斯。同时，布莱德雷电话通知巴顿，命令向沃克第二十军靠拢的另两个师停止前进，以防不测。

8月7日，克鲁格将几个装甲师从蒙哥马利战区调到美军战区，企图突破莫泰恩，夺取阿弗朗什。

布莱德雷驱车去巴顿的指挥所了解布列塔尼的战况。同时，布莱德雷向巴顿通报了莫泰恩遭到反击的简况以及自己试图从巴黎到迪埃普远距离包抄

的新构想。

　　巴顿没提出太多异议，但要求让他的第三集团军实施横扫式的突击。

　　从诺曼底登陆到巴黎解放，标志着盟军在欧洲开辟第二战场取得了决定性的胜利。巴黎的解放也标志着整个诺曼底战役的胜利。

　　在这场决定性的战役中，布莱德雷始终是一位战争的直接组织者和指挥者。他从集团军司令升任集团军群司令后，更是美军在盟军中的重要战场指挥官。

　　盟军进占法国西北部以后，新的战略问题又出现了。按原计划，盟军在

美军实施登陆作战

诺曼底登陆成功后，德军将会退到塞纳河与盟军对峙，盟军也准备在塞纳河休整、补充后再和德军决战。

不料，希特勒违反常规，纠集部队与盟军在诺曼底决战，结果一溃千里，逃过塞纳河。

按原来的预测，德军在塞纳河会进行殊死抵抗，然后逐步退到索姆、马恩河、默兹和摩泽尔河一带防守，最后才退到"齐格菲防线"，沿德国西部抵抗盟军的进攻。

盟军也按计划分两路大军追击德军，蒙哥马利率第二十一集团军群的第二集团军和第一集团军沿亚眠—列日—亚琛一线追击，其装甲部队要途经阿登山脉北麓的山地；布莱德雷率第十二集团军群的第一和第三集团军沿特鲁瓦—南希—梅斯一线前进，途经阿登山脉南部，摧毁和占领德国重要煤炭和钢铁生产基地——萨尔工业区，之后，转向法兰克福直扑鲁尔工业区，与蒙哥马利会合。总的来看，两路大军攻击的目标是鲁尔工业区，进而彻底击败德国，结束欧洲战争。

盟军冲过塞纳河以后，高级将领感到必须修改总战略了。蒙哥马利和布莱德雷两位集团军群司令都提出了自己的计划，但是意见相左，争论不休。

1944年8月13日，布莱德雷正忙于法莱斯围歼战，蒙哥马利向艾森豪威尔和布莱德雷透露了他的总计划，他建议取消渡过塞纳河之后两路进军追击德军的计划。代之的是由他率4个集团军共40个师"一路出击"，向东扫荡消灭加莱的德国第十五集团军残部。然后，他将在比利时建立庞大的盟国机场网，夺取安特卫普和鹿特丹以解决后勤补给问题。同时，摧毁威胁英国的V-1和V-2导弹发射场，挥师占领鲁尔工业区，东捣柏林。

蒙哥马利的总计划依赖于以最快的速度突击混乱不堪、士气低落的德军，集中盟国所有的人力物力归他指挥。

布莱德雷认为：

蒙哥马利从阿拉曼战役到最近的法莱斯战役，都不善于集结

180

部队，过于谨慎而不愿冒险追击德军、扩大战果。

而按蒙哥马利的计划，要求以最快的速度追击德军至柏林，这绝不符合蒙哥马利的风格，把赌注压在他身上是"战争史上最冒险的行动之一"。

在进攻战略上，布莱德雷主张按部就班地实施"两路进攻"的战略。蒙哥马利率军在阿登山脉以北推进，布莱德雷自己则率军在阿登山脉以南进攻，直逼萨尔。两军在德国西部边界的齐格菲防线或莱茵河停下来补给、休整，然后再发起进攻。

对于蒙哥马利夺取荷兰港口及摧毁导弹发射场，布莱德雷同意把李奇微的第十八空降军调给他通过水乡泽国，并从第一集团军中抽出一个军支援蒙哥马利。调走6个师后，布莱德雷手下仅有15个师的兵力去进军萨尔了。

8月13日，蒙哥马利飞抵圣詹姆斯附近的第十二集团军群司令部找布莱德雷，要求布莱德雷全力支持他的计划。

布莱德雷支持他向东北方向夺取港口和摧毁德军导弹发射场的想法，并表示支援他。但在由蒙哥马利个人率4个集团军攻占柏林及让布莱德雷放弃进攻萨尔的问题上，布莱德雷未做丝毫让步。

在这场新战略的争论中，布莱德雷和蒙哥马利各有计划，并且互不相让。最终，在艾森豪威尔的调和下，这一争论才得以结束。接下来，盟军进行了全线追击。但至1944年9月初，盟军终于因补给品的严重缺乏而陷入了困境。在补充汽油的关键问题上，布莱德雷与蒙哥马利又发生了冲突。

蒙哥马利计划将李奇微的伞兵空降在图尔内，协助进攻布鲁塞尔，但霍奇斯的第一集团军早在空降行动前已越过图尔内。

布莱德雷要求蒙哥马利调飞机空运汽油，但蒙哥马利为谨慎起见，不肯放手，结果飞机延误了近一周才投入使用。

9月1日，美军的汽油耗尽，布莱德雷命令第一集团军在蒙斯附近停止前进，巴顿在默兹河畔停止追击。第一集团军虽不隶属蒙哥马利直接指挥，但

他有权协调行动。布莱德雷的命令又使蒙哥马利火冒三丈，他责备布莱德雷把汽油转给巴顿。

在蒙哥马利夺取安特卫普后，艾森豪威尔尚未决定战略。布莱德雷和蒙哥马利都为各自的战略设想而奋争。

9月2日，艾森豪威尔在布莱德雷设在夏尔特尔的司令部与布莱德雷及其手下的集团军司令巴顿、霍奇斯讨论战略战术问题。最后，艾森豪威尔除未确定进攻日期外，接受了布莱德雷的计划。

布莱德雷主张两路突击，不等重新组织后勤保障而马上实施快速追击。盟军分两路沿阿登山脉南、北侧直指鲁尔区和萨尔区。

自从盟军联合作战以来，盟军最高统帅部的将领们就为战略问题纷争不已。

9月3日，蒙哥马利、布莱德雷、登普西在亚眠讨论有关进攻亚琛时使用空降部队的计划。蒙哥马利主张在阿纳姆实施空降，夺取安特卫普以北的桥梁和水道。艾森豪威尔同意了这一计划，并要求于9月7日实施。最后，又因天气恶劣而取消了该计划。

9月8日，德国开始向伦敦发射V-2导弹，两枚导弹从鹿特丹或阿姆斯特丹附近发射，官员们敦促蒙哥马利迅速攻占德军发射导弹的地区。蒙哥马利抓住这一良机，又发动了一场推行其计划的运动。蒙哥马利制订了代号为"市场花园"的作战计划，对阿纳姆实施大规模的陆空联合进攻。布莱德雷间接地获知了这个计划，他对蒙哥马利违背盟约并偷偷摸摸地请求英方批准其计划而感到愤怒、失望和震惊。

布莱德雷清醒地认识到这个计划是蒙哥马利企图从助攻转为主攻的把戏。若计划成功，可直指柏林。美军到时被迫让出作战物资，甚至停止前进，失去攻打德军的机会。

因此，布莱德雷打电话给艾森豪威尔抗议蒙哥马利的战略，指出他的战略实质上是以一路突击战略代替两路突击战略，迫使美军支持他一意孤行地攻打柏林。

　　9月9日，艾森豪威尔在凡尔赛与布莱德雷会谈了一夜，布莱德雷详细陈述了他反对蒙哥马利放弃扫清斯凯尔德湾而去攻击阿纳姆的理由。其实，布莱德雷一眼看穿了蒙哥马利的真正攻击目标不是阿纳姆而是柏林。

　　布莱德雷在9月12日向霍奇斯和巴顿介绍完蒙哥马利的"市场花园"计划后，讨论了美军的作战和供应问题。尽管供应不如蒙哥马利，布莱德雷决定储足弹药后让两位集团军司令继续前进，突破齐格菲防线，不必停留。这个决令后来得到了艾森豪威尔的认可。但到德国边境时，运动战变成了阵地战，两军的对峙形成。布莱德雷的部队受阻了，这是他步入艰难时期的开端，更残酷的日子还在后头。

　　蒙哥马利的日子也不怎么好过，"市场花园"计划使盟军损失1.7万人，这比进攻诺曼底损失的人数还多。这个计划的失败，比起布莱德雷进攻受阻来说，要严重得多。

　　布莱德雷尖锐地指出："允许蒙哥马利发动'市场花园'攻势，这是艾森豪威尔在第二次世界大战中最大的战术错误。"

　　但是，蒙哥马利并未因此而放弃争权夺利的做法，因此，高级将领间的斗争也升级了。

　　1944年9月22日，艾森豪威尔在凡尔赛的司令部召开盟军高级司令会议研究形势和制订未来战争的方针。这是自诺曼底登陆以来最重要的一次高级将领会议。蒙哥马利借口因执行"市场花园"作战行动脱不开身而回避这次会议，只派参谋长德金甘德代之。

　　布莱德雷在筹备会议时就用口头和书面形式向艾森豪威尔陈述了自己的意见，他认为："必须启用安特卫普港；向德国纵深进攻并与德军周旋，迫使其无法集中兵力；对首要目标鲁尔区发动两路突击，南北夹击。"

　　毫无疑问，蒙哥马利与布莱德雷之间的争论又非常激烈，艾森豪威尔又一次偏袒了蒙哥马利。他决定，蒙哥马利将在霍奇斯支援下夺取鲁尔区，安特卫普港交给加拿大部队去解决，巴顿的任务是防御而非进攻。对此，布莱德雷内心感到十分沮丧和无比失望。

直到10月18日，布莱德雷9月22日提出的战略终于被艾森豪威尔采纳了，原因是蒙哥马利10月初进攻鲁尔区的失利以及10月6日马歇尔来访等一系列事件的发生。但是，布莱德雷在11月份指挥大军攻击齐格菲防线和莱茵河时，却受到了挫折。

11月，布莱德雷从情报部门获悉，冯·伦德施泰特重新担任西线司令官。但是，希特勒是否仍控制西线战略，不得而知。

布莱德雷希望希特勒主持西线战略，希望他能再次命令德军进行歇斯底里的灾难性攻击，盟军便可歼灭德军于莱茵河以西。但是，所有人都认为德军的反击是袭扰性的，绝不可能是大力反击。造成这些判断失误的原因是决策部门过分依赖"超级"情报，而德军的通信联络已改用有线通信，侦破很难。

布莱德雷也认为德军进攻的可能性极小，但他还是和米德尔顿制订了抗击计划。他要求米德尔顿边打边撤，甚至可以退到默兹河，但要尽量迟滞德军。布莱德雷打算用空军战术打击德军，并派第九、第三集团军的预备队第七、第十装甲师切断德军的退路，第一集团军的预备队"大红一师"也可参加战斗。

非到关键时刻，布莱德雷不会轻易动用预备队。他相信，这些计划足以对付德军的袭扰性进攻，足以对付德国第六装甲集团军。

12月16日，布莱德雷晋升为四星上将。但也在同一天夜里，德军对盟军进行了大规模反击。

面对德军的进攻，史密斯对布莱德雷说："喂，布莱德雷，你不是期望反攻吗？看来你盼望的东西终于到来了。"

事实上，布莱德雷并不轻松，他清楚目前处境不妙。面临德军的反击，盟军高层的斗争形势又复杂起来了。蒙哥马利想从美军的挫折中夺权，从而大干一番。布莱德雷从情报部门获知，德军已弹尽油竭，伤亡惨重，只是做垂死挣扎。蒙哥马利的保守战略只会葬送歼灭德军的良机。

布莱德雷大胆地在电话里向艾森豪威尔的参谋长史密斯阐述了自己的观

点。他反对蒙哥马利的守势战略，要求将第一、第九集团军归还自己指挥。布莱德雷表示要将司令部迁到那慕尔，组织美军反攻。

由于霍奇斯归蒙哥马利指挥，布莱德雷只好去一封信表示自己对战局的乐观看法，奉劝霍奇斯随时寻机反击德军。

12月26日，曙光终于出现了。巴顿第三集团军的先遣部队打通了通向巴斯托尼的一条狭窄通道，解救了固守的美军。柯林斯违抗蒙哥马利的命令，让哈蒙的第二装甲师冲出迪纳特附近的防线阵地，袭击伦德施泰特向西移动的德军装甲先遣部队，并歼灭了德军第二装甲师，德军被迫停止进攻。美军的这两个胜利，鼓励了盟军的士气，布莱德雷决定向盟军最高统帅部施加压力，重新考虑作战计划。

185

制订作战计划
打败纳粹德军

　　艾森豪威尔、特德、史密斯、斯特朗、布尔、怀特利等人和布莱德雷在凡尔赛开会讨论了盟军的战略问题。

　　布莱德雷在会上提出了近期、长期两个战略计划。近期战略主要是立即向德军突出部的腰部发动一次钳形攻势。布莱德雷认为这个战略可以将德军包围起来一举歼灭。同时，他提出将第十二集团军群司令部迁到那慕尔或迪纳特，以便协调第三、第一集团军的作战。

　　对于长期战略，布莱德雷主张利用希特勒反攻的错误，及时将北部以蒙哥马利为主力进攻莱茵河改为中部进攻战略，由布莱德雷率主力部队实施取代。

　　横渡莱茵河的进攻由蒙哥马利的部队担任主力，布莱德雷的部队担当配角。然而，布莱德雷暗中运筹，美国勇将霍奇斯、巴顿巧战德军，抢在英军之前渡过了莱茵河，建立了桥头堡，为盟军全面渡河歼灭德军奠下基础。

　　1945年3月9日，布莱德雷和美军的4位集团军司令霍奇斯、辛普森、巴顿、杰罗，还有几位空军将领在那慕尔接受了法国勋章，法国阿方斯·米安将军亲自抵达那慕尔为他们授勋。

　　布莱德雷抓住几位集团军司令相会的良机，与他们秘密商谈，透露了自己的计划。他准备以雷马根桥头堡为全面进攻卡塞尔的起点，向卡塞尔击出盟军的右翼铁钩。

　　几位集团军司令都欢喜雀跃，但布莱德雷警告他们要严守秘密，这个计划还未获批准，蒙哥马利的北面仍然是主攻。第一集团军还要准备10个师作

为蒙哥马利的预备队。

3月13日，艾森豪威尔下达了行动命令。3月23日，霍奇斯和巴顿以极小代价攻占了"桥头堡"，并迅速扩大了战果。

3月25日，布莱德雷与丘吉尔、布鲁克、艾森豪威尔、蒙哥马利在莱茵贝格会晤后，和艾森豪威尔开始酝酿最后征服纳粹德军的计划。

这个计划主要由布莱德雷提出，许多人称之为"布莱德雷计划"。

"布莱德雷计划"的主要内容是：

其一，美军扫清鲁尔区的德军，辛普森的第九集团军由北向南，霍奇斯的第一集团军由南向北，两面夹攻，形成钳子，在帕德博恩—卡塞尔地区会师，歼灭包围圈中的大部分德军。鲁尔区的残敌，则从两个集团军和即将渡过河的第十五集团军中抽调部分兵力去肃清。

其二，美军围歼鲁尔区的德军后，由布莱德雷组织第一、第

美军两栖登陆部队 ⌄

三、第九集团军向卡塞尔地区发动大规模的全面进攻，横穿德国中部，通过莱比锡—德累斯顿向易北河挺进，与攻到易北河的苏军隔岸相望。

为此，辛普森的第九集团军在帕德博恩与第一集团军会师后立即归还布莱德雷指挥。进攻中蒙哥马利率英国第二集团军和加拿大第一集团军担任左翼的掩护任务，向北渡过易北河，打到丹麦边境；南部则由德弗斯掩护，第六集团军群在右翼向东南攻到奥地利。

"布莱德雷计划"获准后于1945年3月28日上午开始实施，第一阶段的目标是包围鲁尔区。4月1日，怀特的先遣队与柯林斯手下的第三装甲师合拢了钳子，德军被包围在鲁尔区。

4月4日夜零时刚过，艾森豪威尔按计划命令第九集团军回归布莱德雷指挥。到这时，布莱德雷的第十二集团军群已拥有第一、第三、第九集团军及第十五集团军12个军共48个师的兵力，人数达130万人。

这是第二次世界大战中最大的集团军群，也是布莱德雷指挥过的最大规模的集团军群。

布莱德雷把自己的战术司令部从那慕尔迁回卢森堡，后来还临时迁到德国的威斯巴登。按照计划，向易北河主攻的计划要在4月14日前后开始实施，布莱德雷确信鲁尔区已不能构成威胁时，于4月6日和7日让各军开始东进，这是一次小小的冒险。一股股小部队先期轻装进发了，他们的行动实际是在包围圈形成之前开始的。主攻从卡塞尔开始，布莱德雷让第九、第一、第三集团军从北到南部署在220千米的战线上。

4月12日，辛普森的第二装甲师渡过易北河，首先在东岸建立了桥头堡。在巴比，辛普森已拥有一个桥头堡可作为进攻柏林的跳板。辛普森表示4月15日可以用麦克莱恩的第十九军、吉勒姆的第十三军向柏林发起进攻。麦克莱恩可以在17日黄昏抵达柏林郊区，吉勒姆也表示18日中午抵达柏林。

　　布莱德雷反复思量着攻打柏林的得失。大军长驱直入，后勤补给困难自不待言，以10万士兵的生命去换取一座毫无军事意义的城市，得不偿失是肯定的。但攻打柏林的政治诱惑力如此之大，令布莱德雷心动。

　　正当布莱德雷让辛普森认真准备进攻，不要轻举妄动时，艾森豪威尔最后下了决心，让苏联红军去攻打柏林。若苏联红军无力攻克柏林或柏林较难攻克时，盟军再考虑去攻打柏林。这样，布莱德雷便把注意力转移到南部战线和阻止德军在阿尔卑斯山脉建立"堡垒"的问题上来。

　　巴顿已抵达莫德尔河，向东南继续挺进，直扑林茨和多瑙河，德弗斯担任巴顿右翼的掩护，经纽伦堡及慕尼黑向东进攻。

　　在西线战场，1945年4月15日，盟军的最后总攻令下达，巴顿挥师直指多瑙河谷和萨尔斯堡。在西线的美军主要由巴顿实施对多瑙河的进攻，这是美军在欧洲大陆的最后一次决战，布莱德雷不敢有半点松懈。总攻前，布莱德雷对巴顿手下各军及军长的配备做了调整。

　　1945年4月26日，美苏两军正式会师于易北河。4月27日，布莱德雷命令霍奇斯派许布纳的第五军从卡尔斯巴德—比尔森—线向南推进至1937年的捷克边境，这个地区是巴顿的战区。5月4日，布莱德雷正式把第五军划归巴顿的第三集团军。至此，"布莱德雷计划"胜利实施。

英雄赞歌

陈纳德

　　克莱尔·李·陈纳德，美国陆军航空队中将，抗战时期美国援华空军飞虎队队长。1937年5月来华，先后参加了淞沪会战、南京保卫战和武汉会战，与中国和苏联空军司令官共同指挥战斗。1941年8月1日，中国空军美国志愿大队成立，陈纳德上校担任大队指导员。他率领的中国空军美国志愿队在中国蓝天痛击日寇，屡立战功，以"飞虎队"的美名著称于世。

退役赴华
开启辉煌人生

　　1893年9月，克莱尔·李·陈纳德出生于美国得克萨斯州。1917年8月，考入印第安纳州本杰明士官学校。3个月之后，成为预备役中尉的陈纳德转入陆军通信兵航空处学习。

　　当陈纳德刚刚步入军校时，欧战正酣。1918年秋，陈纳德被派到纽约长岛米契尔机场担任第四十六战斗机联队的副官。陈纳德在这里刻苦学习掌握了飞行技术，并且得到飞行员的职位。他准备从这里乘船开赴法国，参加欧战。其实，欧洲这时的局势已十分明朗，德奥同盟已趋瓦解。不久德国投降。陈纳德所在队伍的船刚刚行至一半，便奉命全部停驶，并立即沿原路返回。陈纳德对此深感遗憾：因为他一直想通过战争实现自己当英雄的梦想。

　　1923年，陈纳德被调到夏威夷珍珠港的机场工作。这时，他开始研究新的航空战术，并领导他所在的队钻研各种新的战术。在一次演习之后，陈纳德根据他们所采用的战争方式写了一份报告，报告颇获好评，并引起上司的注意。在此后的15年中他担任过多种职务。

　　1930年，陈纳德被保送到弗吉尼亚州兰黎空军战术学校学习。毕业后在亚拉巴马州马克斯韦尔基地的航空兵战术学校任战斗机的战术教官。

　　20世纪30年代，世界空军界流行意大利军事理论家杜黑的"轰炸至上"的空战理论。杜黑主张，空军在作战中应集中大量远距离、运弹量大的重型轰炸机，将其分布在一些机场上，一有敌情，即以多个纵队对战略目标轮番进行轰炸袭击，而地面武器却无法形成对这些轰炸机的防御，这样经过3到4天的不断轰炸，就可迫使被轰炸国家求和。据此，欧洲的军事家断定，轰炸

机一旦进入空中，就无法阻挡。在杜黑的"轰炸至上"理论的影响下，战斗机受到漠视。许多驾驶战斗机的好手，都不约而同地改习轰炸机了。

陈纳德对这一套理论持怀疑态度。他坚信，现代空战是不能没有战斗机的，在未来的战争中，战斗机将像轰炸机一样扮演着重要角色。

为了证明自己的看法，陈纳德认真研究了第一次世界大战的空战记录。他根据以往的战例和自己的演练经验指出，过去战斗机离队俯冲目标，并进行一对一战斗的空战方式显然已经过时。交战时，在各种因素完全相同的情况下，交战双方火力的差别不是火力单位的差别，而是火力单位差别的平方。就是说，一个由两架战斗机编队的机组攻打一个目标，这不是二对一而是四对一的优势。他断定，两机小组是最容易运动的，并且最能集中火力攻击敌军的轰炸机或战斗机，同时又最能保护每一个进行攻击的驾驶员。另外，他还认为，为了发挥战斗机的作用，必须做好情报工作，建立完整的警报系统。

1935年，他编著出版了《防御性追击的作用》一书，阐述了自己

陈纳德将军

的观点。此书出版后，其战术理论在美国陆军航空兵中有着一定的影响，但却未引起军界上层的注意。陈纳德在马克斯韦尔基地还曾与威廉·麦克唐纳和约翰·威廉森组成"三人空中飞人"特技表演队，成为美国陆军航空兵公认的最好的特技表演队。

陈纳德一直到46岁，肩上还扛着尉官的牌牌。这对于一个好胜心很强的人来讲，其情绪可想而知。当时他的身体也不好，患有慢性支气管炎、低血压等病。于是他的上司顺水推舟，于1937年4月以上尉军衔让他退役。

陈纳德不甘心就这么退出军界，但也无可奈何。正在这时，他有个在中国的好友霍勃鲁克来信，问他是否愿意来华任职。他毫不犹豫地一口就答应了。4月初，他从旧金山启程来中国。

1937年5月29日，陈纳德踏上了中国的土地。6月3日，蒋介石和夫人宋美龄接见了他。宋美龄曾在美国乔治亚州读书，陈纳德与她一见如故。此时，

美军战机

宋美龄任航空委员会的秘书长，实际上领导着中国国民党空军。宋美龄要他担任她的专业顾问，并给他两架T-13式教练机，以便他视察中国国民党空军的现状。

陈纳德来华时，国民政府聘有意大利空军顾问。由于当时美国政府不愿干预中国内部事务，只有小部分美国人以个人名义在空军服务。陈纳德发现，国民党空军无论在训练技术上还是在装备上都很不正规。从训练方法来说，意大利人对基础飞行训练很不重视，只是教授一些初级飞行课程，结果所有毕业的驾驶员除了起飞和降落，几乎再也干不了什么。由于当时的飞行学员多是从中国上层社会挑选来的，需要照顾学员的面子，所以洛阳航空学校由意大利教官所教出的学员个个都能毕业，但他们却既不能驾驶战斗机，也不能驾驶轰炸机。国民政府从意大利进口的飞机和零件也都是劣质产品，战斗的实践证明，战斗机多是容易着火的废物，轰炸机只能作运输机用。在全面抗战开始前，国民政府名义上有500架飞机，但实际上只有91架能起飞战斗。

当陈纳德即将完成对中国国民党空军的考察时，抗日战争爆发了。战争正是检验自己空战理论的机会，他决心在蓝天上实现自己的抱负。他马上给蒋介石去电，表示愿在任何能尽其所能的岗位上服务。蒋回电接受了陈纳德志愿服务的请求，让他"即赴南昌主持该地战斗机队的最后作战训练"。根据蒋介石的要求，陈纳德又招募了部分美国飞行员组成了第十四志愿轰炸机中队。

1937年8月13日，淞沪会战开始。第二天，陈纳德派飞机参战。虽然轰炸机队投弹偏离目标，但中国战斗机在当日的空战中取得了胜利。

日机不断对上海、南京进行轰炸，使中国遭受了严重的损失。陈纳德根据以前在美国建立航空地面情报网的设想，在南京、上海、杭州三角地带组织了一个地面电话警报网，又挑选出一些优秀的战斗机驾驶员，来对付日军的轰炸机。

这些措施立刻收到了很好的效果。当日机飞临时，早有情报到来，一架

战斗机从日机上面俯冲下来，另一架从下面升空，而第三架则按兵不动，伺机进行攻击。日军轰炸机在没有护航的情况下对南京连续袭击3天，一下子损失了54架，这时他们才明白，没有战斗机护航的轰炸等于自杀。

此后，日轰炸机改为晚上袭击，陈纳德又将在美国的设想拿到中国施行。他将探照灯布成格子形，当日机一临近即处于探照灯光中，日机驾驶员在灯光照射下，既看不到轰炸目标，也看不到攻击它的飞机。此时，陈纳德指挥战斗机驾驶员用最快的速度由下而上，背着探照灯对日轰炸机的肚皮开火。这一战法给日机轰炸造成了很大的困难。

10月，中国的飞机只剩10多架，许多中国飞行员阵亡。陈纳德设法雇用了4个法国人、3个美国人、1个荷兰人和1个德国人，加上6个幸存的中国轰炸机飞行员，组成了一个"国际中队"。他们成功地袭击了几个日占区目标，造成日军的恐慌。但是在一天下午，日军飞机袭击了机场，国际中队的飞机全部被炸毁。

按照陈纳德与中国航空委员会所订的3个月合同，他的顾问任期到10月就满了。之后，蒋介石、宋美龄邀请他留在中国参加抗战，他毅然留下了。他们也没谈延长合同的事，只是每月发给他一定的薪金。当时，美国政府对日侵华战争持"中立"的态度，日本人知道有美国顾问在华帮助中国，曾要求美国下令让所有在华的美国空军人员离开中国。美国国务院将此情况转告陈纳德时，陈斩钉截铁地回答：等到最后一个日本人离开中国时，我会高高兴兴地离开中国。

第二次
世界大战
著名英雄

八年抗战
立下汗马功劳

1937年12月，南京失陷，陈纳德随军撤到汉口。这时中国国民党空军几乎损失殆尽，只得靠苏联援华的飞机来保卫城市。1938年4月29日，是日本天皇的生日。陈纳德和中国、苏联的空军指挥官断定这一天日机会空袭，决定惩罚日本侵略者。

为引诱日机来犯，陈纳德要中国和苏联的飞机佯装撤离汉口，飞往南昌。飞机起飞后先在武汉上空盘旋，让人们（包括日本间谍）看到他们撤离，当夜又溜回机场。29日清晨，日机从芜湖机场起飞，轰炸机在战斗机的掩护下飞临武汉上空。

陈纳德事先侦得日机只有从芜湖到汉口一个来回的汽油，于是派了20架战斗机在城南拖住日军战斗机，使他们消耗大量汽油，在城市安排40架苏联飞机埋伏在高空，等日机折回芜湖时把轰炸机和战斗机分开，日军战斗机因缺油不敢去保护轰炸机，中苏飞机一队攻击轰炸机，一队攻击战斗机，将39架日机击落36架，只有3架落荒而逃。

1938年8月，根据宋美龄的要求，陈纳德去昆明筹办航空学校，训练中国飞行员。他在昆明极其简陋的条件下对学员进行严格的训练，不少人中途被淘汰。

1940年后，苏联空军援华人员陆续撤走，中国国民党空军在数量上处于绝对劣势，飞机更为缺乏。这时中国国民党空军和日本空军飞机之比是1：53，日本完全掌握了中国的制空权。

1940年5月20日，蒋介石召见陈纳德，要他去美国，设法搞到尽可能多的

197

作战物资。陈纳德返美后，四处宣扬中国人民的抗战，争取各方援助。

罗斯福决定对华进行军事援助，以把日本拖在中国。陈纳德几经周折，最终得到100架P-40型战斗机。

1941年4月14日，罗斯福总统又签署命令，准许预备役军官和退出陆军和海军航空部队的士兵参加赴华的美国志愿队。7月中旬，陈纳德回到中国时，已有68架飞机、110名飞行员、150名机械师和其他一些后勤人员到达中国。

8月1日，蒋介石发布命令，正式成立中国空军美国志愿大队，任命陈纳德上校为该大队指挥员。陈纳德立即开始对志愿队成员进行专门训练。当时条件十分艰苦，有几人最终忍不住辞职了。经过几个月的训练，志愿队人员的技战术水平有了大大的提高。

11月，陈纳德将美国志愿大队编为3个中队。第一队为"亚当与夏娃队"，该队飞机均有亚当围着苹果追夏娃的图案。第二队为"熊猫队"，该队飞机未画熊猫而画有飞行员的漫画像。第三队为"地狱天使队"，该队飞机均画有姿态各异的裸体天使图案。

12月7日，陈纳德率第一中队和第二中队到昆明。20日，一批日机向云南方向飞来，昆明机场所有的飞机都升空迎击，并出师告捷。日入侵飞机10架，被击落6架，3架负伤。志愿队无1架飞机损失。志愿队的初战胜利，给饱经日机轰炸的昆明人民以极大的鼓舞。当天晚上，昆明各界为美志愿队举行庆功会。报纸头版头条报道战斗经过，称美国志愿队的飞机是"飞行的猛虎"，从此"飞虎队"成为志愿队的代称。12月23日，陈纳德派第三中队转往仰光，协同英军作战。在两个多月的空战中，美英战机对日作战31次，共击落日机217架。

1942年2月3日，宋美龄致电陈纳德，要他出任驻华空军指挥官，军衔升为准将。陈纳德从一个鲜为人知的退役陆军航空上尉，一跃成为世界各国的新闻人物。在美国，太平洋战争开始后，各个战场上的消息都不佳，战争正处于黑暗的时刻。这时突然冒出陈纳德带领一小批"兵油子"取得辉煌胜利

的消息，立即引起美国人的轰动和兴奋，陈纳德顷刻之间成为美国家喻户晓的英雄，获得"飞虎将军"的美称。

5月，日军侵占缅甸，继而进犯云南。为阻止日军跨越怒江，陈纳德指挥志愿队连续出击。袭击保山、腾冲、龙陵一带的日军运输队，企图强渡怒江的一队日军在志愿队的轰炸下几乎全军覆没。6月，陈纳德率司令部及2个中队前往桂林。12日，志愿队在桂林上空一举击落日机8架，自己仅受伤1架。桂林人民为之欢欣鼓舞，集资2万元慰劳美飞行员。日军遭受打击后，飞行员上天心慌胆怯，因而要求增派飞机。

7月3日，陈纳德根据美国陆军部和蒋介石的命令，解散美国航空志愿队，而以志愿队部分队员为主组建隶属美国陆军第十航空队的第二十三大队。美国航空

陈纳德将军（雕塑）

志愿队在中国、缅甸、印度支那作战7个多月，以空中损失12架飞机和地面被摧毁61架的代价，取得击落约150架敌机和摧毁297架敌机的战绩。美国航空志愿队共损失26名飞行员。

美国航空志愿队解散之后，该队所留飞机和人员归并美国陆军航空队第二十三大队，与派驻中国的第十六战斗机中队组成美国空军驻华特遣队，隶属美国陆军第十航空队。陈纳德改任美国驻华航空特遣队司令，军衔仍为准将。日军得知航空志愿队解散的消息，遂将原在南洋的第三飞行师调往中国，企图一举歼灭新组建的美空军。

7月份，日空军凭借数量上的优势，对华中的美空军基地发起进攻，面对数倍于己的日军，陈纳德仍采取志愿队的空中游击战术，以奇袭和机动的作战方式打击日军。到7月底，共击毁日军战斗机2架，轰炸机12架。自己损失战斗机5架，轰炸机1架。特遣队初试锋芒，粉碎了日军一举歼灭在华美空军的企图，也表明该队有能力与数倍于己的日本空军周旋。

1943年3月10日，美国陆军航空队将驻华特遣队编为美国陆军第十四航空队，陈纳德晋升少将司令。陈纳德上任后，强烈要求美国总统罗斯福加强美国驻华空军力量，夺回中国战场的制空权，并伺机攻击日本本土。他在作战计划和指挥权等问题上与中国战区参谋长和驻华美军司令史迪威将军发生冲突。蒋介石对史迪威也多有不满，因此陈纳德得到蒋的支持。为使陈纳德脱离史迪威的指挥，蒋介石于7月12日致电美国总统罗斯福，要求将陈纳德提升为中国战区空军参谋长。罗斯福采取了折中的办法，同意让陈纳德担任中国国民党空军（而不是中国战区）参谋长。

指挥权限的扩大使陈纳德开始发动计划中的攻势作战。从7月下旬起，美日双方为争夺制空权在华中展开了激烈的空战。陈纳德指挥美空军，依靠"精密的情报通讯网"，仅在7月下旬的8天空战中，就击落日机62架，自己仅损失3架。美空军掌握了制空权后，即对长江和北部湾的日舰进行轰炸，并接连袭击了汉口、香港和广州的机场、码头，给日军以沉重打击。1943年11月25日，陈纳德指挥美空军机队远征日军在台湾的机场，击落日战斗机15

架，并把机场上的42架日机全部摧毁。

1944年秋，蒋介石与史迪威的矛盾激化。10月18日，罗斯福决定调回史迪威将军，改派魏德迈来华接任美军中国战区参谋长一职。史迪威离华后，马歇尔等人就开始考虑改组在亚洲的航空队，拟将所有驻缅甸和印度的空军调往中国，由驻华的空军司令部统一指挥第十和第十四航空队。

陈纳德坚决反对这一改组计划，然而没有得到华盛顿的支持，也没得到蒋介石的支持。1945年7月6日，陈纳德提出辞呈，魏德迈等立即批准并任命了斯通将军接替陈纳德指挥第十四航空队。1945年8月1日，陈纳德带着失意离开中国返回美国。

陈纳德在中国8年，协助中国人民抗战，为打败日本侵略者立下汗马功劳。1942年7月以来，陈纳德率领美第十四航空队摧毁了2608架敌机，击沉和击伤敌大量商船和44艘军舰，己方损失496架飞机。临行前，蒋介石和宋美龄设宴为他送行，并授予他青天白日大蓝绶带。

陈纳德回国几天后，日本投降了。他对自己不能最后参与受降仪式十分难受。他说："八年来我唯一的心愿就是打败日本，我很希望亲眼看看日本人正式宣称他们的失败。"

1945年12月，陈纳德重返中国。1946年10月成立了民航空运队，为行政院善后救急总署运送救急物资。1947年，陈纳德与中国女记者陈香梅结婚。1948年后，蒋介石军队在内战中节节失利，陈纳德的民航空运队又帮助蒋介石空运军队、给养。

1949年，陈纳德的回忆录《一个战士的道路》在纽约出版。1950年6月，空运队改组为控股公司，陈纳德任公司董事长。1958年7月15日，艾森豪威尔总统要求国会晋升陈纳德为中将。18日，美国国会通过晋升他为空军中将的法案。7月27日，陈纳德因病在华盛顿去世，终年67岁。

图书在版编目（CIP）数据

英雄赞歌：第二次世界大战著名英雄 / 胡元斌主编
. ——北京：台海出版社，2013.8（2021.5重印）
（第二次世界大战纵横录）
ISBN 978-7-5168-0251-9

Ⅰ.①英… Ⅱ.①胡… Ⅲ.①第二次世界大战—历史
人物—生平事迹 Ⅳ.①K815.2

中国版本图书馆CIP数据核字(2013)第188576号

英雄赞歌：第二次世界大战著名英雄　　　第二次世界大战纵横录

主　编：胡元斌　严　锴

责任编辑：马思捷　　　　　　　　装帧设计：大华文苑
版式设计：大华文苑　　　　　　　责任印制：严欣欣　吴海兵

出版发行：台海出版社
地　　址：北京市东城区景山东街20号　　邮政编码：100009
电　　话：010－64041652（发行，邮购）
传　　真：010－84045799（总编室）
网　　址：www.taimeng.org.cn/thcbs/default.htm
E-mail： thcbs@126.com

经　　销：全国各地新华书店
印　　刷：北京九天鸿程印刷有限责任公司
本书如有破损、缺页、装订错误，请与本社联系调换

开　　本：710×1000　　　1/16
字　　数：210千字　　　　　　　　印　张：13
版　　次：2014年1月第1版　　　　印　次：2021年5月第4次印刷
书　　号：ISBN 978-7-5168-0251-9

定　　价：48.00元